쉽게 따는
6단계 4급 한자

■저자 | 장개충
- 저서:
 「가나다 활용옥편」, 「新1800 상용한자」,
 「正統 漢字敎本」 등 편저 (혜원출판사)
 「고사성어 · 숙어 대백과」 편저 (명문당)
 「2350 字源漢字」 편저 (느낌이 있는 책)
 외 10여 편.
- 현재, 좋은세상 출판기획사 대표

쉽게 따는
6단계 4급 한자

발행일 | 2010년 9월 25일 1판 1쇄
        2011년 1월 20일 1판 2쇄

지은이 | 장개충
편집 | 김수정
디자인 | 유정화
삽화 | 김동문
펴낸이 | 유원상
펴낸곳 | 상서각 출판사
출판등록 | 2002. 8. 22(제8-377호)
주소 | 서울시 은평구 불광동 268-5 201호
전화 | 02-356-5353
팩스 | 02-356-8828
이메일 | sang53535@hanmail.net
홈페이지 | www.ssbook.kr

ISBN 978-89-7431-434-7 63710

* 잘못된 책은 바꾸어 드립니다.

쉽게 따는
6단계 4급 한자

머리말

이 책을 보는 어린이와 학부모님께

한자 공부의 길잡이

　먼 옛날부터 우리 조상들은 한자를 우리 문자로 받아들여 오랫동안 역사를 가꾸고 찬란한 문화를 꽃피워 문화 선진국으로 발돋음하게 되었습니다.
　우리가 사용하는 일상용어의 70% 이상이 한자로 되어 있기 때문에 한자 학습은 우리 국민 누구에게나 필수적이라 할 수 있습니다.

　한자가 언제 누구에 의해서 만들어졌는지는 정확히 밝혀져 있지 않으나 오천여 년 전에 중국 고대의 창힐이라는 사람이 새의 발자국을 보고 한자의 모양을 생각해 내었다는 전설이 있습니다. 그러나 일반적으로 나라의 점을 치던 사람들이나 뒷날 역사를 기록하던 사람들에 의해 만들어지고 변화, 발전되어 왔다고 보고 있습니다.

　처음 만들어진 글자들은 그림과 같아서 모난 것이 없고 주로 곡선으로 이루어져 있었습니다. 예를 들면, 日(일)의 처음 모양은 '해'를 본떠 하나의 동그라미(⊖)였고, 月(월)은 반동그라미(𝄖), 川(천)은 골짜기에서 흐르는 물, 내(巛)를 본 떴습니다.

초기의 문자는 자연물을 그린 것이었으나 문명이 발달하고 생활 영역이 넓어지면서, 자연물의 특징을 간략하게 표현하거나 기호를 사용하고, 또한 한자와 한자를 결합하여 새로운 한자를 만들어 썼습니다.

한자능력검정시험은 필수적

　한자능력검정시험은 일상생활에서의 필수 한자를 얼마나 많이 알고 이해하는가를 검정하고, 사회적으로 한자 활용 능력을 인정받는 제도입니다.
　이 책은 8급에서부터 단계별로 풀어 갈 수 있도록 한자의 쓰임과 한자의 유래, 자원(한자의 구성 원리) 풀이, 부수 및 필순 익히기, 학습에 도움이 되는 용례 풀이와 간체자(중국의 문자 개혁에 따라 자형字形을 간략하게 고친 한자)를 충실히 다루었을 뿐만 아니라, 핵심 정리와 예상 문제 및 실전 문제를 함께 수록하여 한자의 뜻을 폭넓게 이해하고 확실히 깨칠 수 있도록 하였습니다.
　모쪼록 여러분의 앞날에 무궁한 발전과 하고자 하는 모든 일이 함께 이루어지길 기원합니다.

쉽게 따는 6단계 4급 한자의 구성과 활용법

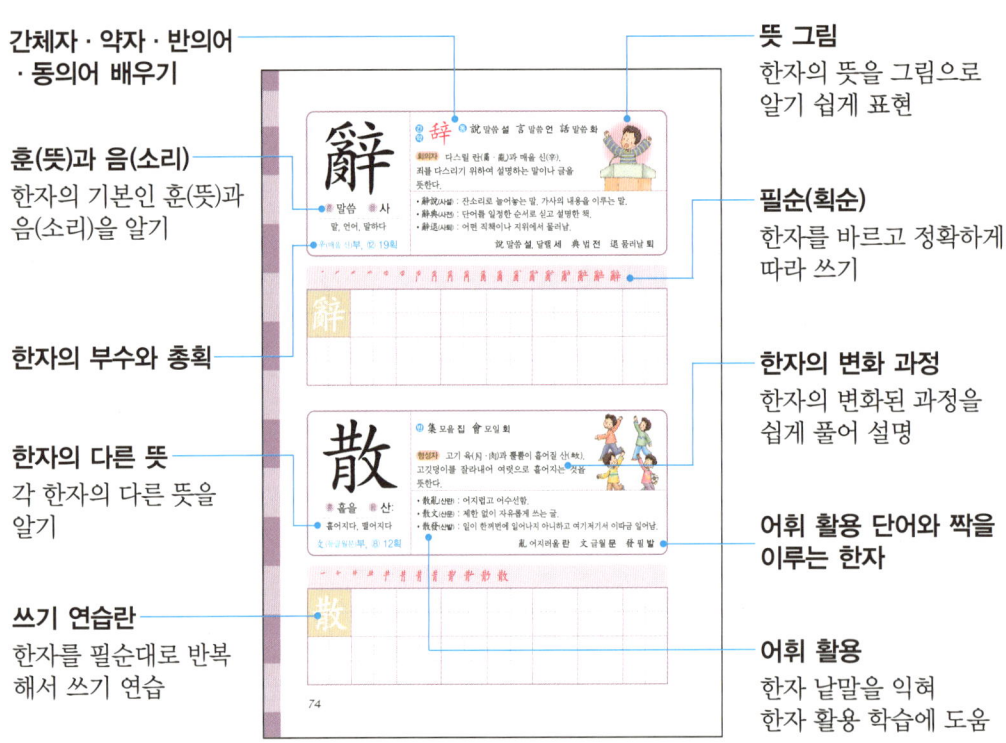

- **간체자·약자·반의어·동의어 배우기**
- **훈(뜻)과 음(소리)**
  한자의 기본인 훈(뜻)과 음(소리)을 알기
- **한자의 부수와 총획**
- **한자의 다른 뜻**
  각 한자의 다른 뜻을 알기
- **쓰기 연습란**
  한자를 필순대로 반복해서 쓰기 연습
- **뜻 그림**
  한자의 뜻을 그림으로 알기 쉽게 표현
- **필순(획순)**
  한자를 바르고 정확하게 따라 쓰기
- **한자의 변화 과정**
  한자의 변화된 과정을 쉽게 풀어 설명
- **어휘 활용 단어와 짝을 이루는 한자**
- **어휘 활용**
  한자 낱말을 익혀 한자 활용 학습에 도움

※ (간 간체자 약 약자 동 동의어 반 반의어)의 줄임말

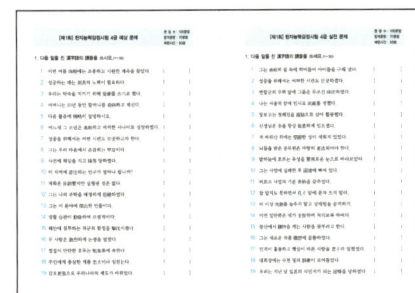

한자능력검정시험 4급 예상 문제 및 실전 문제
한자능력검정시험 4급 예상 문제와 실전 문제를 구성하여 실제 시험과 똑같은 답안지에 답을 쓰면서 실전 감각을 익힐 수 있습니다.

차례

쉽게 따는 6단계 4급 한자

- 제1장 · 苦盡甘來(고진감래) 編 ⋯ 17
- 제2장 · 一絲不亂(일사불란) 編 ⋯ 49
- 제3장 · 仁義禮智(인의예지) 編 ⋯ 81
- 제4장 · 盡善盡美(진선진미) 編 ⋯ 113
- 제5장 · 喜怒哀樂(희로애락) 編 ⋯ 145
- 부록 ⋯ 177

한자는 뜻글자(표의 문자)이다!

'한자'는 뜻을 단위로 하여 만들어진 '뜻글자'이므로 각 글자마다 모양(형 : 形)과 소리(음 : 音)와 뜻(훈·새김 : 訓, 의 : 義)으로 이루어졌습니다. 이를 한자의 '3요소'라고 합니다.

漢字	모양(형상)	天	日	月	山	水	川
	소리(음)	천	일	월	산	수	천
	뜻(새김)	하늘	해·날	달	메	물	내

〈水(물 수)의 3요소〉

이 원리(한자의 짜임)를, 육서(六書)라고 하는데 다음과 같이 분류합니다.

(1) 상형문자(象形文字)

자연이나 구체적인 물체의 형상을 본떠서 만든 글자.

① 해의 모양을 본뜬 글자로, '해' 또는 '날'의 뜻으로 사용됨.

② 산의 모양을 본뜬 글자로 '산'의 뜻으로 사용됨.

🟢 → ⋀⋀ → ♕ → 山 → 山(메 산)

(2) 지사문자(指事文字)

'숫자', '위', '아래', '처음', '끝' 등과 같이 구체적인 모양으로 나타낼 수 없는 한자를 점(·)이나 선(—) 같은 기호를 사용하여 만든 글자.

① 기준이 되는 선 위에 점으로 표시하여 '위쪽'의 뜻을 나타낸 글자.

● → ⌒ → 丄 → 上 → 上(윗 상)

(2) 나무의 가지 끝 부분에 점을 찍어 '끝'이란 뜻을 나타낸 글자.

🌳 → 🌲 → 未 → 末 → 末(끝 말)

(3) 회의문자(會意文字)

이미 만들어진 글자의 뜻과 뜻이 합쳐져서 새로운 뜻을 나타낸 글자.

木(나무 목) + 木(나무 목) ➡ 林(수풀 림)

日(해 일) + 月(달 월) ➡ 明(밝을 명)

(4) 형성문자(形聲文字)

'뜻'을 나타내는 글자와 '음(音 : 소리)'을 나타내는 글자로 결합하여 새로운 '뜻'과 '소리'를 지닌 글자.

水(물 수) + 靑(푸를 청) ➡ 淸(맑을 청)

口(입 구) + 未(아닐 미) ➡ 味(맛 미)

(5) 전주문자(轉注文字)

이미 있는 글자 본래의 의미가 확대되어 전혀 다른 음과 뜻으로 나타낸 글자.

樂 : 노래 악(音樂 : 음악), 즐길 락(娛樂 : 오락), 좋아할 요(樂山樂水 : 요산요수)

惡 : 악할 악(惡人 : 악인), 미워할 오(憎惡 : 증오)

(6) 가차문자(假借文字)

글자의 뜻에 상관없이 한자의 발음만을 빌려서 다른 뜻으로 나타낸 글자.

堂堂(당당) : 의젓하고 거리낌이 없음

丁丁(정정) : 나무 찍는 소리

亞細亞(아세아) : Asia

巴利(파리) : Paris

'부수(部首)'란 무엇인가?

한자는 자전(字典 : 옥편)에서 찾아야 합니다. 자전은 한자를 쉽고 빠르게 찾을 수 있도록 공통점이 있는 한자끼리 묶어 놓았는데, 이 공통적으로 들어가는 기본 글자를 '부수(部首)'라고 합니다.

한자는 대체로 부수와 몸이 합쳐져 만들어졌기 때문에, 부수를 알면 자전을 찾을 때 편리할 뿐만 아니라, 한자의 뜻을 쉽게 파악할 수 있습니다.

부수로 쓰이는 기본 글자는 모두 214자입니다.

부수의 위치와 이름

부수 글자는 자리하는 위치에 따라 그 이름이 각각 다릅니다.

글자의 위쪽에 있는 부수 : 머리

- 宀 : 갓머리(집 면) ➡ 家(집 가), 安(편안 안)
- 艹(艸) : 초두머리(풀 초) ➡ 花(꽃 화), 草(풀 초)
- 竹(竹) : 대 죽 ➡ 答(대답 답), 算(셈 산)

글자의 왼쪽에 있는 부수 : 변

- 亻(人) : 사람인변 ➡ 仁(어질 인), 代(대신 대)
- 禾 : 벼 화 ➡ 科(과목 과), 秋(가을 추)
- 氵(水) : 삼수변 ➡ 江(강 강), 海(바다 해)

글자의 아래쪽에 있는 부수 : **발·다리**

- 儿 : 어진사람인 ➡ 兄(형 형), 光(빛 광)
- 灬(火) : 연화발(불 화) ➡ 烈(매울 렬), 然(그럴 연)
- 心 : 마음 심 ➡ 意(뜻 의), 感(느낄 감)

글자의 오른쪽에 있는 부수 : **방**

- 刂(刀) : 칼도방 ➡ 刊(새길 간), 刑(형벌 형)
- 阝(邑) : 우부방 ➡ 郡(고을 군), 邦(나라 방)
- 卩 : 병부절방 ➡ 印(도장 인), 卯(토끼 묘)

글자의 위와 왼쪽을 덮고 있는 부수 : **엄**

- 广 : 엄호(집 엄) ➡ 序(차례 서), 度(법도 도, 헤아릴 탁)
- 尸 : 주검 시 ➡ 居(살 거), 局(판 국), 屋(집 옥)

글자의 왼쪽과 아래를 덮고 있는 부수 : **받침**

- 廴 : 민책받침(길게 걸을 인) ➡ 廷(조정 정), 建(세울 건)
- 辶(辵) : 책받침(쉬엄쉬엄 갈 착) ➡ 近(가까울 근)

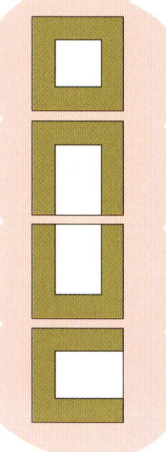

글자의 전체나 일부분을 에워싸고 있는 부수 : **몸**

- 口 : 큰입 구(에운 담) ➡ 四(넉 사), 國(나라 국)
- 門 : 문 문 ➡ 開(열 개), 間(사이 간)
- 凵 : 위튼입구(입벌릴 감) ➡ 出(날 출), 匈(흉할 흉)
- 匚 : 터진입구몸(상자 방) ➡ 匠(장인 장), 區(널 구)

글자 자체가 부수인 글자 : **제부수**

- 木 (나무 목)　車 (수레 거·차)　馬 (말 마)
- 心 (마음 심)　金 (쇠 금, 성 김)

자전에서 한자 찾기

부수로 찾기 – 찾고자 하는 한자의 부수를 알아내고, 부수 색인란을 통하여 쪽수를 확인한 뒤, 총 획수에서 부수를 뺀 나머지 획수를 세어 그 글자를 찾습니다.

한자의 음을 이용해서 찾기 – 찾고자 하는 한자의 음을 알고 있는 경우에는 자음 색인에서 해당 한자를 찾아 그 아래에 적힌 쪽수를 펼쳐서 찾습니다.

한자의 총 획수를 이용해서 찾기 – 찾고자 하는 글자의 부수나, 음을 모를 경우에는 그 글자의 총획을 세어 총획 색인에서 해당 한자를 찾습니다.

한자 바로쓰기의 기본 원칙(필순)

필순(筆順)이란?

글씨를 쓸 때 붓을 놀리는 차례. 곧, 점과 획이 차례로 거듭되어 하나의 글자를 다 쓸 때까지의 차례를 말합니다.

1. 왼쪽에서 오른쪽으로 씁니다.

    川(내 천) ➡ 丿 丿丨 川

    江(강 강) ➡ 丶 丶 氵 氵ㅜ 江 江

2. 위에서 아래로 씁니다.

    三(석 삼) ➡ 一 二 三

    工(장인 공) ➡ 一 丅 工

3. 가로획과 세로획이 겹칠 때에는 가로획을 먼저 씁니다.

    木(나무 목) ➡ 一 十 才 木

    十(열 십) ➡ 一 十

4. 좌우 대칭인 글자는 가운데를 먼저 씁니다.

    水(물 수) ➡ 亅 기 水 水

    小(작을 소) ➡ 亅 小 小

5. 삐침(ノ)과 파임(丶)이 만날 때는 삐침을 먼저 씁니다.

　　人(사람 인) ➡ ノ 人

　　文(글월 문) ➡ 丶 亠 ナ 文

6. 글자를 꿰뚫는 획은 나중에 씁니다.

　　中(가운데 중) ➡ 丨 口 口 中

　　事(일 사) ➡ 一 丆 戸 戸 写 写 写 事

7. 둘러싼 모양으로 된 자는 바깥 부분을 먼저 씁니다.

　　四(넉 사) ➡ 丨 冂 𦉪 四 四

　　同(한가지 동) ➡ 丨 冂 冂 冋 同 同

8. 좌우를 먼저 쓰고 가운데를 나중에 씁니다.

　　火(불 화) ➡ 丶 丷 少 火

　　性(성품 성) ➡ 丶 丷 忄 忄 怑 怑 性 性

9. 글자를 가로지르는 획은 나중에 긋습니다.

　　女(계집 녀) ➡ 𡿨 夊 女

　　丹(붉을 단) ➡ ノ 刀 月 丹 丹

10. 오른쪽 위에 점이 있는 글자는 그 점을 나중에 찍습니다.

　　犬(개 견) ➡ 一 ナ 大 犬
　　伐(칠 벌) ➡ ノ 亻 仁 代 伐 伐

11. 삐침이 길고 가로획이 짧으면 가로획을 먼저 씁니다.

　　左(왼 좌) ➡ 一 ナ 𠂇 𠂇 左
　　友(벗 우) ➡ 一 ナ 方 友

12. 삐침이 짧고 가로획이 길면 삐침을 먼저 씁니다.

　　右(오를/오른 우) ➡ ノ ナ 才 右 右
　　有(있을 유) ➡ ノ ナ 才 冇 冇 有

13. 책받침(辶, 廴)은 나중에 씁니다.

　　遠(멀 원) ➡ 一 十 土 耂 吉 吉 壴 壴 袁 袁 遠 遠 遠
　　建(세울 건) ➡ ㄱ ㅋ ㅋ 彐 彐 聿 聿 建 建

※ 특수한 자영의 필순 보기

　　凸(볼록할 철) ➡ ㅣ ㅗ 凸 凸 凸 (5획)
　　凹(오목할 요) ➡ ㅣ ㄇ 凹 凹 凹 (5획)

제1장 苦盡甘來(고진감래) 編

暇 刻 覺 干 看 簡 敢 甘 甲 降

居 巨 拒 據 傑 儉 擊 激 堅 犬

更 傾 鏡 驚 季 戒 系 繼 階 鷄

孤 庫 穀 困 骨 孔 攻 管 鑛 構

君 群 屈 窮 券 勸 卷 歸 均 劇

暇

훈 틈/겨를 **음** 가:
한가하다

日(날 일)부, ⑨ 13획

형성자
날 일(日)과 빌릴 가(叚).
한가롭게 머물러 하루를 보내는 것을 뜻한다.

- 暇日(가일) : 한가한 날. 틈이 있는 날.
- 餘暇(여가) : 일을 하는 가운데 잠시 생기는 자유로운 시간.
- 休暇(휴가) : 학교나 직장 등에서 일정한 기간을 쉬는 겨를.

日 날 **일**　餘 남을 **여**　休 쉴 **휴**

丨 丌 冃 日 日' 日' 昄 昄 昄' 昄' 睱ʳ 暇

刻

훈 새길 **음** 각
깎다, 심하다

刂(선칼도방)부, ⑥ 8획

동 刊 새길 간

형성자 알맹이 핵(亥·核)과 칼 도(刂·刀).
알맹이에 글을 써넣는 것으로, '새기다'를
뜻한다.

- 刻苦(각고) : 고생을 이겨 내면서 무척 애씀.
- 刻骨難忘(각골난망) : 남의 은혜에 대한 고마운 마음이 깊이 새겨져 잊혀지지 않음.

苦 쓸 **고**　骨 뼈 **골**　難 어려울 **난**　忘 잊을 **망**

丶 亠 宁 亥 亥 亥 刻 刻

覺

훈 깨달을 **음** 각

깨우치다, 나타나다

見(볼 견)부, ⑬ 20획

간 觉 약 覚

형성자 배울 학(與·學)과 볼 견(見). 배워서 확실히 보이는 것으로, '깨닫다'를 뜻한다.

- 覺書(각서) : 상대방에게 약속하는 내용을 적어 주는 글이나 문서.
- 視覺(시각) : 물체의 모양이나 빛깔 등을 분간하는 눈의 감각.
- 聽覺(청각) : 소리를 듣는 귀의 감각.

書 글 서 視 볼 시 聽 들을 청

干

훈 방패 **음** 간

막다, 구하다, 범하다

干(방패 간)부, ⓪ 3획

반 戈 창 과

상형자 끝이 두 갈래로 갈라진 창 모양을 본뜬 글자로, '방패, 막다'의 뜻을 나타낸다.

- 干戈(간과) : '방패와 창'이란 뜻에서 무기, 병장기를 일컬음. 전쟁.
- 干滿(간만) : 간조와 만조. 썰물과 밀물.
- 如干(여간) : 보통으로. 어지간하게.

戈 창 과 滿 찰 만 如 같을 여

훈 볼 **음** 간

바라보다, 방문하다, 지키다

目(눈 목)부, ④ 9획

동 見 볼 견

회의자 손 수(手)와 눈 목(目).
손을 이마에 대어, 햇볕을 가리고 보는 것을 뜻한다.

- 看病(간병) : 환자의 시중을 듦. 看護(간호).
- 看守(간수) : 지킴. 또는 지키는 사람.
- 看破(간파) : 속마음을 알아차림. 사물의 진상을 앎.

病 병 **병**   護 도울 **호**   守 지킬 **수**   破 깨뜨릴 **파**

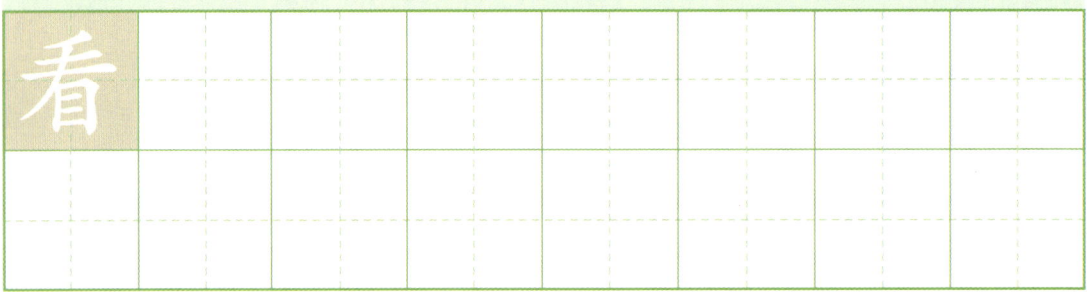

看

훈 대쪽/간략할 **음** 간(:)

편지, 문서

竹(대 죽)부, ⑫ 18획

간 简   **동** 略 간략할 략

형성자 대 죽(竹)과 사이 간(間).
대오리를 엮어 문자를 쓰는, '대쪽, 편지'를 뜻한다.

- 簡單(간단) : 까다롭지 않고 단순함. 번거롭지 않고 손쉬움.
- 簡略(간략) : 번거롭지 않음. 생략하여 간단함.
- 簡便(간편) : 간단하고 편리함.

單 홑 **단**   略 간단할/약할 **략**   便 편할 **편**, 똥오줌 **변**

簡

敢

훈 감히/구태여 **음** 감:
함부로, 감당하다, 굳세다

攵(등글월문)부, ⑧ 12획

회의자
金文(금문)에는 또 우(又)를 짝지우고 점(占)의 변형. 두려움 없이 나아가 두 손으로 받는 것으로 '감히'를 뜻한다.

- 敢不生心(감불생심) : 감히 엄두를 내지 못함.
- 敢行(감행) : 어려움을 무릅쓰고 용감하게 행함.
- 勇敢(용감) : 씩씩하고 겁이 없음. 용기가 있음.

不 아닐 불·부 生 날 생 心 마음 심 行 다닐 행, 항렬 항 勇 날랠 용

一 丅 丆 斤 斤 舌 百 耳 取 耴 敢 敢

甘

훈 달 **음** 감
맛 좋다, 즐기다

甘(달 감)부, ⓪ 5획

반 苦 쓸 고

지사자 입 구(口)와 한 일(一).
혀에 얹어서 단맛을 맛보는 것을 뜻한다.

- 甘受(감수) : 달게 받음.
- 甘言利說(감언이설) : 달콤한 말과 이로운 조건으로 꾀는 말.
- 苦盡甘來(고진감래) : 쓴 것이 다하면 단 것이 옴. 고생 끝에 낙이 옴.

受 받을 수 言 말씀 언 利 이할 리 說 말씀 설, 달랠 세 盡 다할 진 來 올 래

一 十 廾 甘 甘

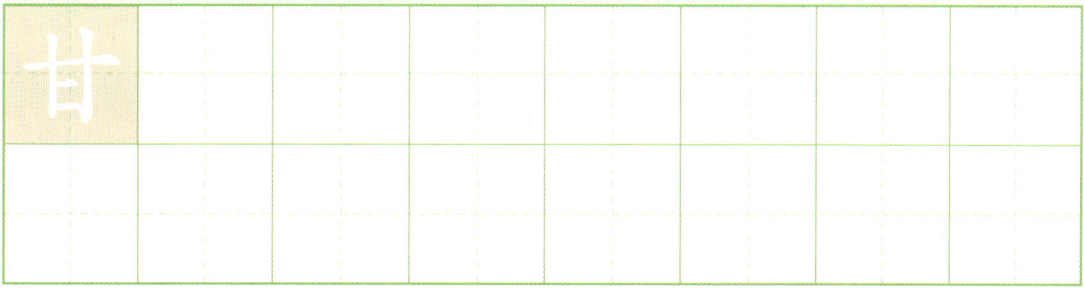

甲

훈 갑옷　**음** 갑
첫째 천간, 으뜸, 껍질

田(밭 전)부, ⓪ 5획

상형자 거북의 등딱지 모양을 본뜬 글자로, '갑옷, 등딱지, 껍데기'를 뜻한다. 가차하여 천간의 첫째로 쓰인다.

- 甲男乙女(갑남을녀) : 평범한 일반 사람들.
- 甲富(갑부) : 첫째 가는 큰 부자.
- 甲板(갑판) : 배 위에 나무나 철판으로 깐 바닥.

男 사내 **남**　乙 새 **을**　女 계집 **녀**　富 부자 **부**　板 널 **판**

丨 冂 日 日 甲

降

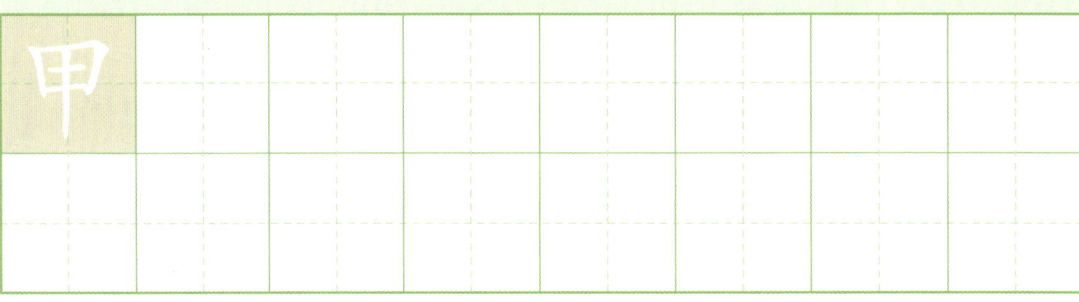

훈 내릴　**음** 강:
훈 항복할　**음** 항
임하다

阝(좌부방)부, ⑥ 9획

반 登 오를 등

형성자 언덕 부(阝·阜)와 내릴 강(夅).
언덕 위에서 내려오는 것, 항복하는 것을 뜻한다.

- 降等(강등) : 등급, 계급을 내림. 또는 내려감.
- 降雨(강우) : 비가 내림. 또는 내린 비.
- 降伏(항복) : 적의 힘에 눌려 굴복함. 降服(항복).

等 무리 **등**　雨 비 **우**　伏 엎드릴 **복**　服 옷 **복**

㇇ ㇆ 阝 阝' 阝" 陉 陉 降 降

居

훈 살 음 거

있다, 앉다

尸(주검시엄)부, ⑤ 8획

통 住 살 주

형성자 주검 시(尸)와 고정시킬 고(古). 사람이 계속하여 살고 있는 것을 뜻한다.

- 居間(거간) : 사이에 들어 흥정을 붙임.
- 居住(거주) : 일정한 곳에 머물러 삶. 또는 그 집.
- 居處(거처) : 일정한 기간 동안 살거나 묵는 장소.

間 사이 간 住 살 주 處 곳 처

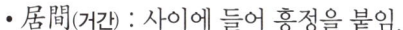

巨

훈 클 음 거:

거대하다, 많다

工(장인 공)부, ② 5획

반 小 작을 소 통 大 큰 대 偉 클 위

상형자 목수가 일할 때 쓰는 자(工)를 손(ㄱ)에 들고 있는 모양. 가차하여 '크다'의 뜻으로 쓰인다.

- 巨物(거물) : 큰 인물. 중요한 위치에 있는 사람.
- 巨人(거인) : 보통 사람보다 몸이 훨씬 큰 사람.
- 巨創(거창) : 규모나 크기가 엄청나게 큰 것.

物 물건 물 人 사람 인 創 비롯할 창

훈 막을 **음** 거:
맞서다, 거절하다

扌(재방변)부, ⑤ 8획

동 防 막을 방　障 막을 장

형성자 손 수(扌·手)와 클 거(巨 : 물리치다).
손으로 물리치거나 거절하는 것을 뜻한다.

• 拒否(거부) : 허락이나 인정, 승낙하지 않고 물리침.
• 拒逆(거역) : 사람의 뜻이나 명령을 거스름.
• 拒絶(거절) : 거부하고 끊어버림. 받아들이지 않고 물리침.

否 아닐 **부**　逆 거스를 **역**　絶 끊을 **절**

一 十 扌 扌 扩 折 拒 拒

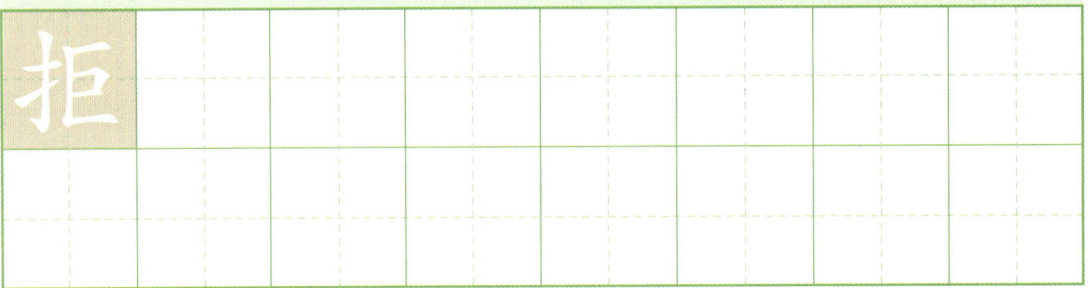

훈 근거 **음** 거:
의거하다, 의지하다

扌(재방변)부, ⑬ 16획

간 据　**약** 拠　**동** 依 의지할 의

형성자 손 수(扌·手)와 큰돼지 거(豦 : 짐승이 뒤엉켜 있음). 손을 서로 얽히게 하여 '의거하다'를 뜻한다.

• 據點(거점) : 의거하여 지키는 곳. 활동의 중심이나 근거지.
• 根據(근거) : 사물의 토대. 근본이 되는 사실.
• 依據(의거) : 사실을 근거로 함. 자리잡고 머무름.

點 점 **점**　根 뿌리 **근**　依 의지할 **의**

一 十 扌 扌 扩 扩 扩 护 护 挟 捛 捛 捛 據 據 據

傑

- 훈 뛰어날 음 걸
- 출중하다, 훌륭하다
- 亻(사람인변)부, ⑩ 12획

간약 杰   동 秀 빼어날 수

형성자 사람 인(亻·人)과 빼어날 걸(桀). 뛰어나고 훌륭한 인물의 뜻을 나타낸다.

- 傑物(걸물) : 남보다 훨씬 뛰어난 사람. 또는 그 물건.
- 傑作(걸작) : 썩 훌륭하게 잘된 작품.
- 傑出(걸출) : 남보다 훨씬 뛰어남.

物 물건 물   作 지을 작   出 날 출

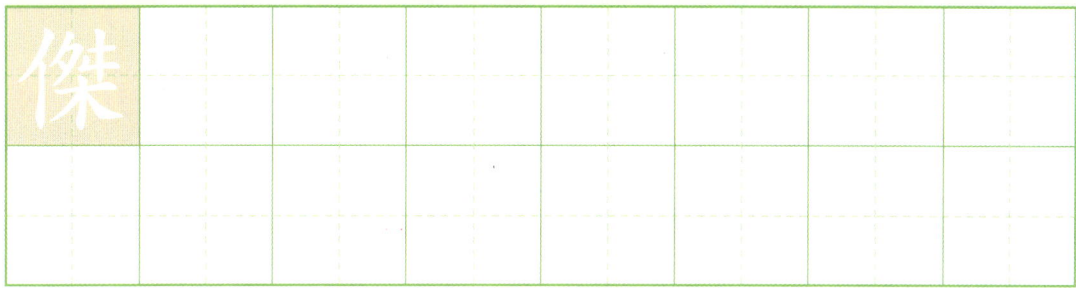

儉

- 훈 검소할 음 검:
- 절약하다, 험하다
- 亻(사람인변)부, ⑬ 15획

간약 俭   약 俭

형성자 사람 인(亻·人)과 여러 사람 첨(僉). 생활에서 낭비를 덜어 죄다, 검소하게 하다의 뜻을 나타낸다.

- 儉朴(검박) : 검소하고 꾸밈이 없음.
- 儉素(검소) : 사치스럽지 않고 수수함.
- 勤儉(근검) : 부지런하고 검소하며 절약함.

朴 성 박   素 본디/흴 소   勤 부지런할 근

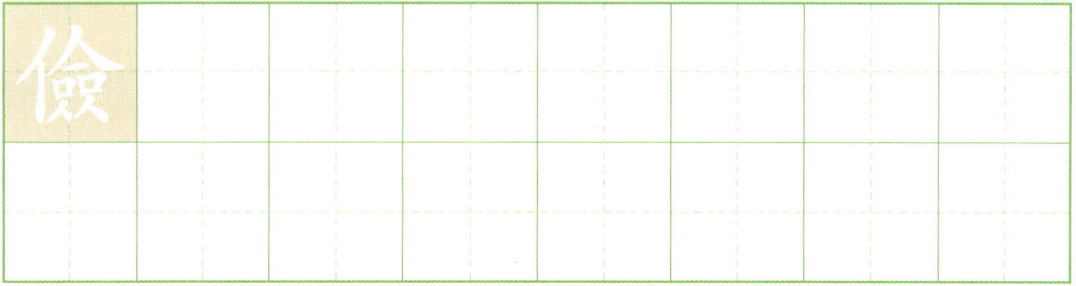

擊
훈 칠 **음** 격

두드리다, 때리다

手(손 수)부, ⑬ 17획

- 간 击
- 반 防 막을 방 守 지킬 수
- 동 打 칠 타 攻 칠 공 伐 칠 벌

형성자

부딪칠 격(毄)과 손 수(手).
손으로 부딪쳐 치는 것을 뜻한다.

- 擊沈(격침) : 적의 배를 쳐서 가라앉힘.
- 擊退(격퇴) : 공격하여 오는 적을 물리침.
- 擊破(격파) : 쳐부숨. 맨손이나 머리로 쳐서 깨뜨리는 일.

沈 잠길 침, 성 심   退 물러날 퇴   破 깨뜨릴 파

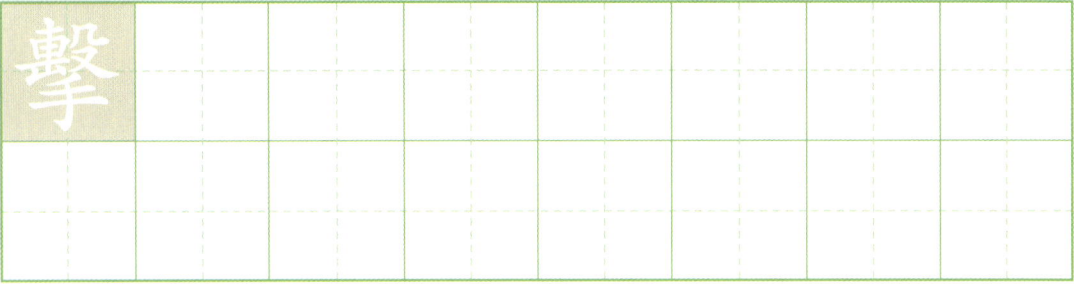

激
훈 격할 **음** 격

부딪쳐 흐르다, 빠르다

氵(삼수변)부, ⑬ 16획

형성자

물 수(氵·水)와 두드릴 교(敎).
물결이 바위 같은 장애물에 부딪쳐 큰 소리를
내며 흐르는 것을 뜻한다.

- 激動(격동) : 매우 빠르고 심하게 변함. 몹시 감동함.
- 激烈(격렬) : 감정 등이 몹시 세참.
- 激流(격류) : 사납게 흐름. 또는 그 물.

動 움직일 동   烈 매울 렬   流 흐를 류

堅

훈 굳을　**음** 견

단단하다, 강하다

土(흙 토)부, ⑧ 11획

간약 坚　**동** 固 굳을 고　確 굳을 확

형성자　굳을 간(臤)과 흙 토(土).
굳은 땅으로, '굳다, 단단하다'를 뜻한다.

- 堅固(견고) : 단단하고 튼튼함.
- 堅果(견과) : 껍질이 단단한 나무의 실과.
- 堅忍持久(견인지구) : 굳게 참고 견디어 오래 버팀.

固 굳을 **고**　果 실과 **과**　忍 참을 **인**　持 가질 **지**　久 오랠 **구**

一　丨　丆　王　王　臣　臣ㄱ　臤　臤　堅　堅

犬

훈 개　**음** 견

이민족, 하찮은 것의 비유

犬(개 견)부, ⓪ 4획

상형자
개가 옆으로 서 있는 모양을 본뜬 글자.
변으로 쓰일 때는 犭(개사슴록변).

- 犬馬之勞(견마지로) : 임금이나 나라에 충성을 다하는 노력.
- 犬猿之間(견원지간) : 개와 원숭이의 사이처럼 사이가 매우 나쁜 관계.
- 忠犬(충견) : 주인에게 충실한 개.

馬 말 **마**　之 갈 **지**　勞 일할 **로**　猿 원숭이 **원**　間 사이 **간**　忠 충성 **충**

一　ナ　大　犬

27

훈 고칠 **음** 경
훈 다시 **음** 갱:
바꾸다, 재차
曰(가로 왈)부, ③ 7획

동 改 고칠 개

형성자 밝을 병(丙)과 칠 복(攵).
밝게 살도록 회초리를 들고 가르쳐 '고치다, 다시'를 뜻한다.

- 更張(경장) : 고치어 새롭게 함. 늦춘 것을 고쳐서 긴장하게 함.
- 更迭(경질) : 다른 사람을 그 자리에 임용함.
- 更新(갱신) : 효력이나 기간이 끝난 것을 새로 바꾸든가 연장함.

張 베풀 **장**　迭 갈마들 **질**　新 새 **신**

一 ㄧ 亓 ㄅ 甶 更 更

훈 기울 **음** 경
뒤집히다, 위태롭게 하다
亻(사람인변)부, ⑪ 13획

간 倾

형성자 사람 인(亻·人)과 머리 기울 경(頃 : 頁은 머리). 기울고 위태롭게 된 것을 뜻한다.

- 傾國之色(경국지색) : 나라를 위태롭게 할 정도의 뛰어난 미녀.
- 傾注(경주) : 노력이나 정신을 한 곳에 모음.
- 傾向(경향) : 한쪽으로 기울어져 쏠림. 일이 되어 가는 동향.

國 나라 **국**　之 갈 **지**　色 빛 **색**　注 부을 **주**　向 향할 **향**

丿 亻 仁 化 化 化 伫 伫 傾 傾 傾 傾 傾

鏡

간 镜

훈 거울 **음** 경:
안경, 거울삼다, 본보기

金(쇠 금)부, ⑪ 19획

형성자 쇠 금(金)과 빛 경(竟).
모양을 비추어 내는 구리거울을 뜻한다.

- 銅鏡(동경) : 구리로 만든 거울.
- 眼鏡(안경) : 시력을 돕거나 눈을 보호하기 위해 눈에 쓰는 기구.
- 明鏡止水(명경지수) : '밝은 거울과 조용한 물'이란 뜻으로, 맑고 고요한 심경을 이름.

銅 구리 **동**　眼 눈 **안**　明 밝을 **명**　止 그칠 **지**　水 물 **수**

ノ 人 ト 仁 仁 仁 仁 余 金 金 金 釒 釒 鈴 鈴 錇 鐄 鐄 鏡 鏡

驚

간 惊

훈 놀랄 **음** 경
놀래다, 경기

馬(말 마)부, ⑬ 23획

형성자 공경할 경(敬)과 말 마(馬).
말이 몸을 긴장시켜 놀라는 것을 뜻한다.

- 驚氣(경기) : 어린아이가 갑자기 몸을 떨며 기절하는 병.
- 驚異(경이) : 놀라서 이상하게 여김.
- 驚天動地(경천동지) : 세상을 몹시 놀라게 함.

氣 기운 **기**　異 다를 **이**　天 하늘 **천**　動 움직일 **동**　地 따(땅) **지**

훈 계절 **음** 계:

철, 시절, 끝, 막내

子(아들 자)**부**, ⑤ 8획

회의자

벼 화(禾)와 아들 자(子).
어린 벼의 싹으로, 형제 중의 '막내'의
뜻을 나타낸다.

- 季刊(계간) : 일 년에 네 번 발간함. 또는 그 간행물.
- 季節(계절) : 기후에 따라 일 년을 넷으로 나눈, 봄·여름·가을·겨울.
- 四季(사계) : 봄·여름·가을·겨울의 총칭.

刊 새길 **간**   節 마디 **절**   四 넉 **사**

一 二 千 千 禾 季 季 季

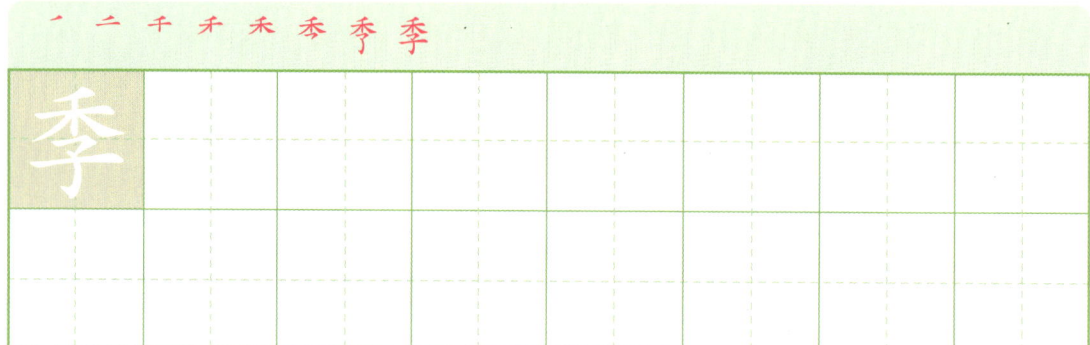

훈 경계할 **음** 계:

삼가다, 타이르다

戈(창 과)**부**, ③ 7획

회의자

손 맞잡을 공(廾)과 창 과(戈).
창을 맞잡고 경계하는 것을 뜻한다.

- 戒告(계고) : 행정 기관의 통고. 의무 위반에 대한 징계 처분.
- 戒律(계율) : 지켜야 할 규율. 불교에서 설정한 규칙과 처벌 조항.
- 警戒(경계) : 잘못이 없도록 미리 조심함. 타일러 주의시킴.

告 고할 **고**   律 법칙 **률**   警 깨우칠 **경**

一 二 三 开 戒 戒 戒

系

훈 이어맬 **음** 계:
잇다, 계보, 실마리

糸(실 사)부, ① 7획

반 斷 끊을 단   **동** 續 이을 속   繼 이을 계

상형자 실이 이어져 있는 모양을 본뜬 글자로, '잇다'를 뜻한다.

- 系譜(계보) : 가문의 혈통과 역사를 적은 책.
- 系列(계열) : 서로 공통적으로 연결되는 계통이나 조직.
- 系統(계통) : 성질이나 기능이 같은 종류에 속함. 血統(혈통).

譜 족보 **보**   列 벌일 **렬**   統 거느릴 **통**   血 피 **혈**

丿 亡 云 玄 关 系 系

繼

훈 이을 **음** 계:
계승하다, 매다

糸(실 사)부, ⑭ 20획

간 继   **약** 継   **동** 續 이을 속   承 이을 승

형성자
실 사(糸)와 이을 계(㡭).
끊어진 실을 계속해서 잇는 것을 뜻한다.

- 繼續(계속) : 끊임없이 이어짐. 중단했던 일을 다시 시작해 나감.
- 繼承(계승) : 전에 있던 일을 이어서 하거나 이어받음.
- 繼走(계주) : 일정한 거리를 몇 사람이 이어 달리는 경기.

續 이을 **속**   承 이을 **승**   走 달릴 **주**

階

훈 섬돌　**음** 계

층계, 계단, 품계

阝(좌부방)부, ⑨ 12획

간 阶　**동** 段 층계 단　層 층 층

형성자 언덕 부(阝·阜)와 다 개(皆).
나란히 늘어선 층층대, '섬돌, 층계'를 뜻한다.

- 階級(계급) : 사물의 순서. 직위나 관직 등의 순위.
- 階段(계단) : 층층대. 일을 이루는데 밟아야 할 순서. 段階(단계).
- 階層(계층) : 층계. 사회를 형성하는 여러 층.

級 등급 **급**　段 층계 **단**　層 층 **층**

` ㆍ 了 阝 阝 阝 阼 阼 階 階 階`

階

鷄

훈 닭　**음** 계

닭

鳥(새 조)부, ⑩ 21획

간 鸡

형성자 맬 혜(奚)와 새 조(鳥).
가축으로 매어두는 새, '닭'을 뜻한다.

- 鷄卵(계란) : 닭의 알. 달걀.
- 鷄肋(계륵) : 닭의 갈비. 버리기 아까운 사물.
- 群鷄一鶴(군계일학) : 평범한 사람 가운데 뛰어난 사람.

卵 알 **란**　肋 갈빗대 **륵**　群 무리 **군**　一 한 **일**　鶴 학 **학**

` ㆍ ㆍ ㆍ ㅅ 爫 爫 爫 爫 奚 奚 奚 奚 奚 鷄 鷄 鷄 鷄 鷄 鷄`

鷄

孤

훈 외로울　**음** 고

고아, 홀로

子(아들 자)부, ⑤ 8획

동 獨 홀로 독

형성자　아들 자(子)와 오이 과(瓜).
오이 덩굴이 시들어 열매만 달린 것처럼 부모를
잃어, '외롭다, 고아'를 뜻한다.

- 孤高(고고) : 홀로 인격이 높음. 혼자 초연한 모양.
- 孤獨(고독) : 혼자 있어서 외로움. 짝 없는 홀몸.
- 孤立無援(고립무원) : 의지할 데 없이 외톨이가 되어 구원받을 데가 없음.

高 높을 **고**　獨 홀로 **독**　立 설 **립**　無 없을 **무**　援 도울 **원**

丁 了 子 孑 孒 孤 孤 孤

庫

훈 곳집　**음** 고

창고, 곳간, 무기고

广(엄호)부, ⑦ 10획

간 库　**동** 倉 곳집 창

형성자　집 엄(广)과 수레 거(車).
수레를 넣는 '곳집'을 뜻한다.

- 庫房(고방) : 살림살이를 넣어두는 방. 창고. 광.
- 金庫(금고) : 돈이나 귀중품 등을 안전하게 보관하는 상자.
- 倉庫(창고) : 물건을 저장하거나 보관하는 건물.

房 방 **방**　金 쇠 **금**, 성 **김**　倉 곳집 **창**

丶 亠 广 广 广 庐 庐 盾 盾 庫

穀

훈 곡식 **음** 곡

곡물, 양식, 낱알

禾(벼 화)부, ⑩ 15획

간 谷 **약** 穀

형성자 벼 화(禾)와 껍질 각(殼·穀).
껍질에 싸인 벼, '곡물'을 뜻한다.

- 穀類(곡류) : 쌀이나 보리, 밀 등의 곡식.
- 穀食(곡식) : 식량이 되는 쌀 등의 총칭.
- 穀倉(곡창) : 곡물의 창고. 곡식이 많이 나는 고장.

類 무리 **류** 食 밥/먹을 **식** 倉 곳집 **창**

一 十 士 冫 声 吉 壴 壴 壴 彀 彀 彀 彀 穀 穀

困

훈 곤할 **음** 곤:

괴로움, 어렵다

口(큰입구몸)부, ④ 7획

동 疲 피곤할 **피**

회의자 에울 위(口) 안에 나무 목(木).
나무가 울타리 안에 있으므로, 자라지 못하여
'곤(란)하다'를 뜻한다.

- 困境(곤경) : 곤란한 처지. 몹시 힘든 지경.
- 困難(곤란) : 사정이 매우 힘들고 어려움.
- 貧困(빈곤) : 가난하여 살기가 어려움.

境 지경 **경** 難 어려울 **난** 貧 가난할 **빈**

丨 冂 冂 困 困 困 困

훈 뼈 음 골

뼈대, 핵심, 몸

骨(뼈 골)부, ⓪ 10획

반 肉 고기 육

회의자 살 발라낼 과(冎)와 고기 육(月·肉).
몸의 핵심을 이루는 '뼈'를 뜻한다.

- 骨格(골격) : 뼈의 조직. 뼈대. 사물의 중요한 부분.
- 骨組(골조) : 콘크리트나 벽돌로 만든 건물의 뼈대.
- 納骨(납골) : 시체를 화장하여 그 유골을 모심. 납골당에 모심.

格 격식 격   組 짤 조   納 들일 납

丨 冂 冃 冎 冎 呙 骨 骨 骨 骨

훈 구멍 음 공:

매우, 통하다, 공자(孔子)

子(아들 자)부, ① 4획

지사자
어린애 혈(子)과 제비 을(乚·乙 : 유방).
젖이 나오는 '구멍'의 뜻을 나타낸다.

- 孔道(공도) : 공자가 가르친 도(道).
- 孔子(공자) : 중국 춘추 시대의 대철학자이자 성인.
- 孔明(공명) : 매우 밝음.

道 길 도   子 아들 자   明 밝을 명

乛 了 子 孔

(훈) 칠 (음) 공:

공격하다, 다스리다

攵(등글월문)부, ③ 7획

(반) 守 지킬 수 防 막을 방 (동) 擊 칠 격

(형성자) 장인 공(工)과 칠 복(攵·攴).
손에 무기를 들고 적을 공격하는 것을 뜻한다.

- 攻擊(공격) : 적을 침. 상대를 이기기 위한 적극적인 행동.
- 攻略(공략) : 적지나 적진을 공격하여 침범함.
- 攻勢(공세) : 공격하는 태세. 또는 그 세력.

擊 칠 격   略 간략할/약할 략   勢 형세 세

一 丁 工 正 攻 攻 攻

攻

管

(훈) 대롱/주관할 (음) 관

피리, 맡다

竹(대 죽)부, ⑧ 14획

(형성자) 대 죽(竹)과 꿰뚫을 관(官).
둥글고 속이 빈 대나무의 관, '대롱'을 뜻한다.

- 管理(관리) : 사무를 관할 처리함. 사람을 지휘 감독함.
- 管制(관제) : 관할하여 통제함.
- 主管(주관) : 어떤 일을 주장하여 관할하거나 처리함.

理 다스릴 리   制 절제할 제   主 임금/주인 주

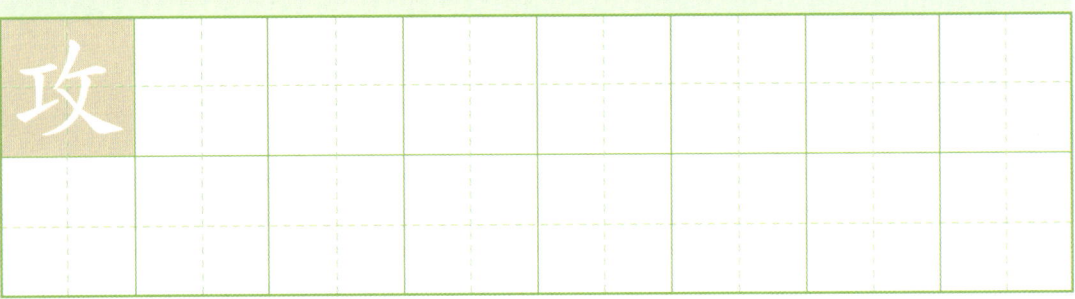

管

鑛

훈 쇳돌　음 광:

광석, 광산

金(쇠 금)부, ⑮ 23획

간 矿　약 鉱

형성자 쇠 금(金)과 넓을 광(廣).
넓은 땅에 묻혀 있는 '쇳돌, 광석'을 뜻한다.

- 鑛區(광구) : 광물의 채굴을 허가한 구역.
- 鑛物(광물) : 천연으로 땅 속에 있는 무기물. 금이나 철 따위.
- 鑛夫(광부) : 광산에서 광물을 파내는 일을 하는 사람.

區 구분할/지경 **구**　物 물건 **물**　夫 지아비 **부**

丿 𠂉 𠂊 𠂋 𠂌 金 金 金 金 釒 鉲 鉝 鉱 鉱 鉱 鑛 鑛 鑛 鑛 鑛 鑛

構

훈 얽을　음 구

맺다, 이루다, 꾀하다

木(나무 목)부, ⑩ 14획

간 构　동 造 지을 조　築 쌓을 축

회의자 나무 목(木)과 쌓을 구(冓).
나무를 가로세로 쌓아올려 얽어맨 것을 뜻한다.

- 構圖(구도) : 꾀하여 도모함. 전체적인 도면 구성.
- 構想(구상) : 생각을 얽어 놓음. 창작의 내용 등을 생각함.
- 構成(구성) : 얽어서 만듦. 사물이 이루어지게 함.

圖 그림 **도**　想 생각 **상**　成 이룰 **성**

一 十 十 木 木 朴 朴 椲 桿 構 構 構 構 構

君

훈 임금　**음** 군

봉호, 남편, 현자, 그대

口(입 구)부, ④ 7획

반 臣 신하 신　民 백성 민　**동** 帝 임금 제

회의자 다스릴 윤(尹)과 입 구(口).
백성을 다스리기 위해 명령을 내리는 '임금'을 뜻한다.

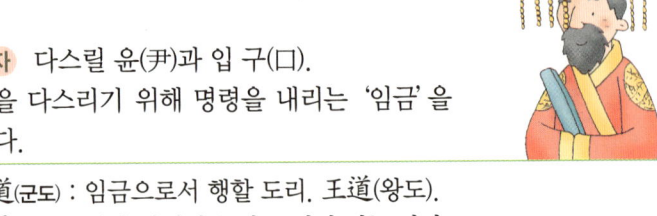

- 君道(군도) : 임금으로서 행할 도리. 王道(왕도).
- 君子(군자) : 덕과 학식이 높아 모범이 되는 사람.
- 君主(군주) : 임금. 나랏님. 君王(군왕).

道 길 도　　王 임금 왕　　子 아들 자　　主 임금/주인 주

一 フ ヨ ヺ 尹 尹 君 君

群

훈 무리　**음** 군

떼, 동료, 많다

羊(양 양)부, ⑦ 13획

동 類 무리 류　衆 무리 중　徒 무리 도

형성자 임금 군(君 : 무리짓다)과 양 양(羊).
떼지어 모인 양의 무리를 뜻한다.

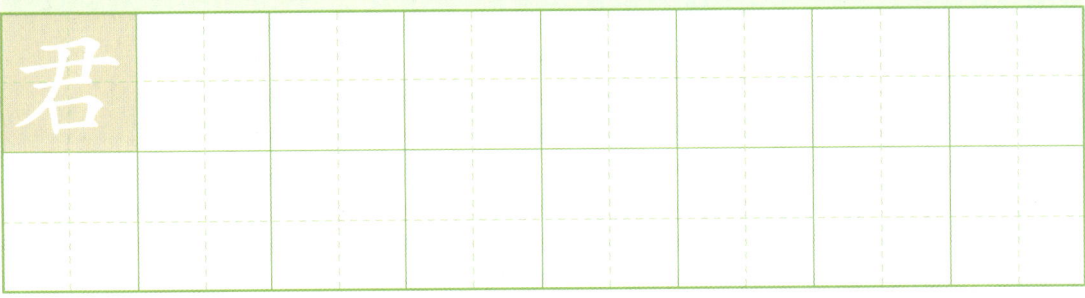

- 群島(군도) : 해역 안의 작고 큰 여러 섬.
- 群衆(군중) : 한 곳에 모인 많은 사람의 무리. 사람의 떼.
- 群雄割據(군웅할거) : 많은 영웅이 각지에서 세력을 다툼.

島 섬 도　　衆 무리 중　　雄 수컷 웅　　割 벨 할　　據 근거 거

一 フ ヨ ヺ 尹 尹 君 君 君' 群 群 群 群

屈

훈 굽힐 **음** 굴

굽다, 움츠리다

尸(주검시엄)부, ⑤ 8획

동 曲 굽을 곡 折 꺾을 절

회의자 주검 시(尸)와 나갈 출(出).
짐승이 꼬리를 감춘 모양에서 '굽힘'을 뜻한다.

- 屈曲(굴곡) : 굽거나 휨. 인생에서 성쇠가 번갈아 오는 일.
- 屈伏(굴복) : 머리를 굽혀 꿇어 엎드림.
- 屈辱(굴욕) : 남에게 꺾여 업신여김을 당함.

曲 굽을 **곡**   伏 엎드릴 **복**   辱 욕될 **욕**

`ㄱ ㄱ 尸 尺 屈 屈 屈 屈`

窮

훈 다할/궁할 **음** 궁

궁고하다

穴(구멍 혈)부, ⑩ 15획

갸 窮   **동** 極 다할 극 貧 가난할 빈

형성자 구멍 혈(穴)과 몸 궁(躬).
사람의 몸이 구멍에 처박혀, 궁지에 빠진 것을 뜻한다.

- 窮理(궁리) : 사물의 이치를 연구함. 곰곰 생각함.
- 窮餘之策(궁여지책) : 궁박한 끝에 짜낸 한 계책.
- 困窮(곤궁) : 가난하고 구차함.

理 다스릴 **리**   餘 남을 **여**   之 갈 **지**   策 꾀 **책**   困 곤할 **곤**

`丶 宀 宀 宂 宂 空 空 空 穹 穹 窈 窮 窮 窮`

39

훈 문서 **음** 권

증서, 증표, 계약서

刀(칼 도)부, ⑥ 8획

간약 券　**동** 籍 문서 적

형성자 움켜질 권(夬)과 칼 도(刀).
약속한 내용을 새겨 하나씩 가져 증거로 삼는
'문서'를 뜻한다.

- 旅券(여권) : 외국 여행자의 신분을 증명하고 보호를 의뢰하는 문서.
- 證券(증권) : 재산에 관한 것을 나타내는 증서.
- 割引券(할인권) : 일정한 값을 감하는 것을 나타내는 표.

旅 나그네 려　證 증거 증　割 벨 할　引 끌 인

丶 丷 꽃 半 半 쏬 券 券

券									

훈 권할 **음** 권:

힘쓰다, 가르치다, 인도하다

力(힘 력)부, ⑱ 20획

간약 劝　**동** 獎 장려할 장　勉 힘쓸 면

형성자 황새 관(雚 : 도와주다)과 힘 력(力).
힘쓰고 노력하는 것을 도와주고 권하는 것을
뜻한다.

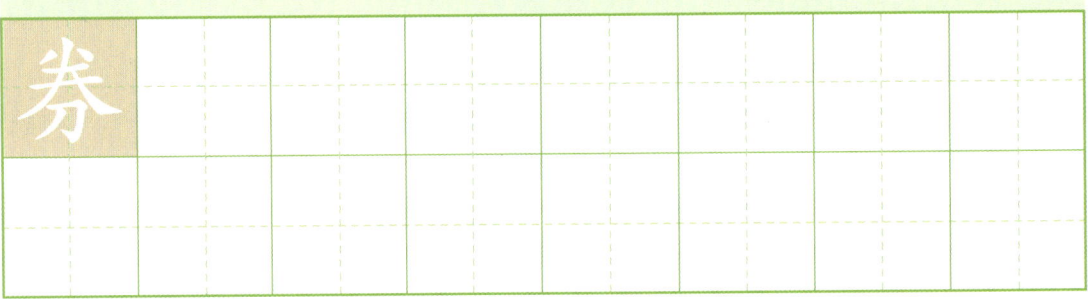

- 勸告(권고) : 어떤 행위를 하도록 타일러 권함. 또는 그 말.
- 勸勉(권면) : 알아듣도록 타일러 힘쓰게 함. 격려함.
- 勸善(권선) : 착한 일을 하도록 권하고 장려함.

告 고할 고　勉 힘쓸 면　善 착할 선

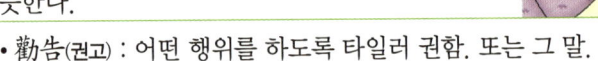

勸									

卷

훈 책 **음** 권(:)

권, 두루마리, 말다

卩(㔾병부절)부, ⑥ 8획

간 卷　동 册 책 책

형성자 구부릴 권(龹 : 두루마리처럼 말다)과 몸기 절(㔾). 두루마리처럼 만든, '책'을 뜻한다.

- 卷頭(권두) : 책의 첫머리. 머리말.
- 卷末(권말) : 책의 맨 끝이나 마지막 권.
- 席卷(석권) : 자리를 말듯이 모조리 차지하는 일.

頭 머리 두　末 끝 말　席 자리 석

丶 丷 ⺍ 龷 半 并 关 券 卷

歸

훈 돌아갈 **음** 귀:

돌아오다, 시집가다

止(그칠 지)부, ⑭ 18획

간 归　약 帰　동 回 돌아올 회

회의자 쌓을 퇴(𠂤)와 머물 지(止), 비 추(帚 : 여자). 시집에 돌아가는 것을 뜻한다.

- 歸家(귀가) : 밖에서 일을 마치고 집으로 돌아감.
- 歸國(귀국) : 외국에서 자기 나라로 돌아가거나 돌아옴.
- 歸鄕(귀향) : 객지에서 고향으로 돌아감.

家 집 가　國 나라 국　鄕 시골 향

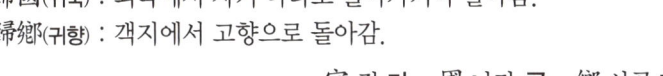

均

훈 고를　**음** 균

두루, 평평하다

土(흙 토)부, ④ 7획

동 平 평평할 **평**

형성자 흙 토(土)와 가지런할 균(勻). 흙을 가지런히 '고르다'를 뜻한다.

- 均等(균등) : 고르고 차별이 없음. 수량이나 상태가 고름.
- 均一(균일) : 정도나 크기 따위가 모두 차이가 없이 같음.
- 平均(평균) : 여러 개의 수치의 합을 그 갯수만큼 나눈 결과.

等 무리 **등**　一 한 **일**　平 평평할 **평**

一 十 土 圹 均 均 均

劇

훈 심할　**음** 극

혹독하다, 성함, 연극

刂(선칼도방)부, ⑬ 15획

간 剧

형성자 범 호(虍·虎)와 돼지 시(豕), 칼 도(刂·刀). 豦는 짐승들의 격렬한 경쟁이나 격투를 나타내어, '심하다'를 뜻한다.

- 劇團(극단) : 연극을 전문으로 하는 단체.
- 劇甚(극심) : 아주 심함. 極甚(극심).
- 劇場(극장) : 영화를 상영하거나 연극을 공연하는 장소.

團 둥글 **단**　甚 심할 **심**　極 극진할/다할 **극**　場 마당 **장**

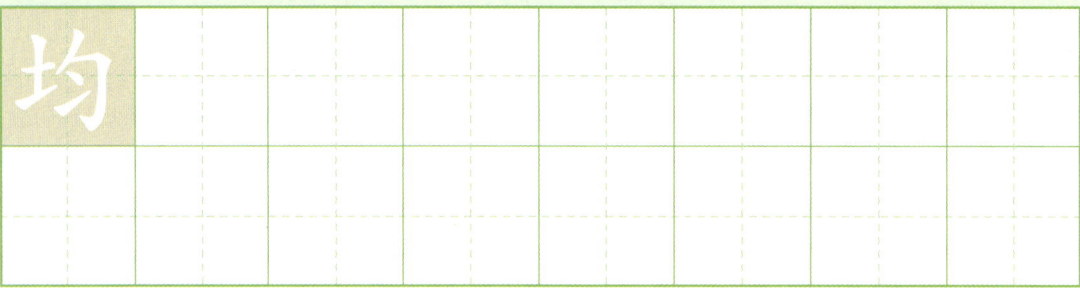

[제1회] 한자능력검정시험 4급 예상 문제

문 항 수 : 100문항
합격문항 : 70문항
제한시간 : 50분

1. 다음 밑줄 친 漢字語의 讀音을 쓰시오.(1~30)

1 이번 여름 休暇에는 조용하고 시원한 계곡을 찾았다. [   ]

2 성공하는 데는 刻苦의 노력이 필요하다. [   ]

3 우리는 약속을 지키기 위해 覺書를 쓰기로 했다. [   ]

4 어머니는 10년 동안 할머니를 看病하고 계신다. [   ]

5 다음 물음에 簡略히 설명하시오. [   ]

6 어느새 그 소년은 勇敢하고 씩씩한 사나이로 성장하였다. [   ]

7 성공을 위해서는 어떤 시련도 甘受하고자 한다. [   ]

8 그는 우리 마을에서 손꼽히는 甲富이다. [   ]

9 사건에 책임을 지고 降等 당하였다. [   ]

10 이 지역에 居住하는 인구가 얼마나 됩니까? [   ]

11 계획은 巨創했지만 실행된 것은 없다. [   ]

12 그는 나의 부탁을 매정하게 拒絕하였다. [   ]

13 그는 이 분야에 傑出한 인물이다. [   ]

14 생활 습관이 勤儉하여 모범적이다. [   ]

15 해안에 침투하는 적군의 함정을 擊沈시켰다. [   ]

16 두 사람은 激烈하게 논쟁을 벌였다. [   ]

17 껍질이 단단한 호두는 堅果류에 속한다. [   ]

18 주인에게 충실한 개를 忠犬이라 일컫는다. [   ]

19 갑오更張으로 우리나라의 제도가 바뀌었다. [   ]

20 시험을 앞두고 남다른 노력을 傾注하였다. [   ]

21 옛날 구리로 만들었던 거울을 銅鏡이라 한다. [   ]

22 아기가 무엇에 놀랐는지 驚氣를 일으켰다. [   ]

23 가을은 수확의 季節이다. [   ]

24 불교에서는 신도들이 지켜야 할 戒律이 있다. [   ]

25 분홍은 붉은색 系列의 색상이다. [   ]

26 우리의 전통 문화를 繼承하고 발전시키자. [   ]

27 이 지역에는 부유한 階層이 많이 살고 있다. [   ]

28 오늘 식단에는 鷄卵찜이 올랐다. [   ]

29 너무 그렇게 혼자서 孤高한 척하지 마라. [   ]

30 호남 평야는 우리나라의 穀倉 지대이다. [   ]

2. 다음 漢字의 訓과 音을 쓰시오.(31~55)

31 困 [   ]   32 骨 [   ]   33 孔 [   ]

34 攻 [   ]   35 管 [   ]   36 劇 [   ]

37 均 [   ]   38 歸 [   ]   39 卷 [   ]

40 勤 [   ]   41 券 [   ]   42 窮 [   ]

43 屈 [   ]   44 群 [   ]   45 君 [   ]

46 構 [   ]   47 鑛 [   ]   48 暇 [   ]

49 刻 [   ]   50 覺 [   ]   51 干 [   ]

52 敢 [   ]   53 甲 [   ]   54 居 [   ]

55 據 [   ]

3. 다음 漢字語 중 첫 音節이 길게 發音되는 單語 셋을 골라 그 번호를 쓰시오.(56~58)

例	① 窮理　②敢行　③堅固 ④ 巨人　⑤ 穀食　⑥ 系統

56 [　　　　]　57 [　　　　　]　58 [　　　　]

4. 다음 漢字를 널리 쓰이는 略字로 고쳐 쓰시오.(59~61)

59 舊 [　　　　]　60 獨 [　　　　]　61 擧 [　　　　]

5. 다음 漢字語의 뜻을 쓰시오.(62~64)

62 簡便 [　　　　　　　　　　　　]

63 巨物 [　　　　　　　　　　　　]

64 傑作 [　　　　　　　　　　　　]

6. 다음의 訓과 音으로 연결된 單語를 漢字로 쓰시오.(65~69)

例	나라 국 – 말씀 어 (國語)

65 검소할 검 – 본디/흴 소　[　　　　　]

66 칠 격 – 물러날 퇴　　　[　　　　　]

67 기울 경 – 향할 향　　　[　　　　　]

68 섬돌 계 – 등급 급　　　[　　　　　]

69 무리 군 – 무리 중　　　[　　　　　]

7. 다음 漢字와 뜻이 같거나 비슷한 漢字를 [ ] 속에 적어 單語를 完成하시오.(70~74)

70 屈 [   ]   71 居 [   ]   72 堅 [   ]

73 巨 [   ]   74 繼 [   ]

8. 다음 漢字와 뜻이 反對 또는 相對되는 漢字를 [ ] 속에 적으시오.(75~79)

75 系 ↔ [   ]   76 君 ↔ [   ]   77 干 ↔ [   ]

78 甘 ↔ [   ]   79 [   ] ↔ 守

9. 다음 漢字의 部首를 쓰시오.(80~82)

80 簡 [   ]   81 巨 [   ]   82 更 [   ]

10. 다음 빈 칸에 알맞은 漢字를 적어 四字成語를 完成하시오.(83~87)

83 傾國(지색)   [   ]

84 驚天(동지)   [   ]

85 孤立(무원)   [   ]

86 窮餘(지책)   [   ]

87 苦盡(감래)   [   ]

11. 다음 漢字의 同音異議語를 제시된 뜻에 맞추어 漢字로 쓰시오.(88~92)

88 靑各 : 소리를 듣는 귀의 감각.   [   ]

89 用甘 : 씩씩하고 겁이 없음. 용기가 있음.   [   ]

90 格列 : 감정 등이 몹시 세참.   [   ]

91 安京 : 시력을 돕거나 눈을 보호하기 위해 눈에 쓰는 기구. [   ]

92 窓古 : 물건을 저장하거나 보관하는 건물. [   ]

12. 다음 밑줄 친 單語를 漢字로 바꾸어 쓰시오. (93~97)

93 할머니가 돌아가신 후 할아버지는 고독하게 사셨다. [   ]

94 그는 사업에 실패한 후 곤경에 처했다. [   ]

95 창수는 키가 훤칠하고 골격이 아주 튼튼하다. [   ]

96 골문을 집중적으로 공략하여 3점을 얻었다. [   ]

97 그는 부모님을 뵙기 위해 귀향길에 올랐다. [   ]

13 다음 문장의 밑줄 친 (   ) 부분에 들어갈 알맞은 單語를 쓰시오. (98~100)

98 '降' 자는 '내릴 강' 과 '(   ) 항' 의 뜻으로 쓰인다.

99 '更' 자는 '(   ) 경' 의 뜻으로 쓰인다.

100 '省' 자는 '살필 성' 과 '덜 (   )' 의 뜻으로 쓰인다.

제2장 一絲不亂(일사불란) 編

勤 筋 奇 寄 機 紀 納 段 徒 盜

逃 亂 卵 覽 略 糧 慮 烈 龍 柳

輪 離 妹 勉 鳴 模 墓 妙 舞 拍

髮 妨 犯 範 辯 普 伏 複 否 負

憤 粉 批 碑 祕 射 私 絲 辭 散

勤

훈 부지런할　**음** 근(:)

힘쓰다, 일, 직무

力(힘 력)부, ⑪ 13획

형성자

맥질할 근(堇 : 찰흙을 이겨 바르다)과 힘 력(力). 맥질하기 위해 힘들이는 모양에서, '부지런하다'를 뜻한다.

- 勤勞(근로) : 부지런히 일함. 일정한 시간 동안 노무에 종사함.
- 勤勉(근면) : 부지런히 힘씀.
- 勤務(근무) : 직장에서 자기가 맡은 일을 함.

勞 일할 로　勉 힘쓸 면　務 힘쓸 무

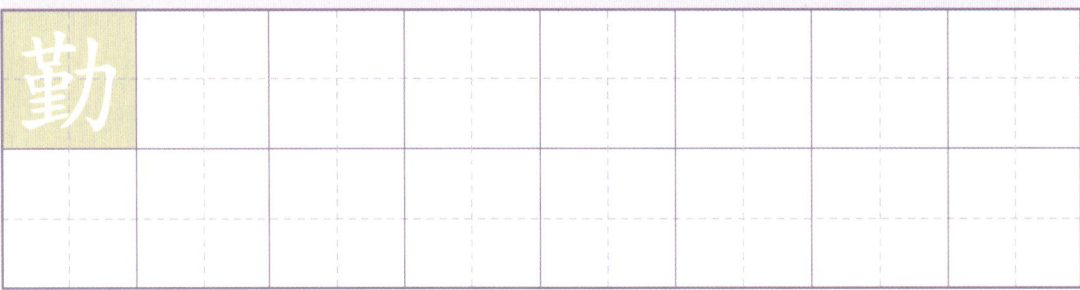

筋

훈 힘줄　**음** 근

힘, 체력, 기운

竹(대 죽)부, ⑥ 12획

형성자

대 죽(竹)과 갈빗대 륵(肋). 살 속의 힘줄. 물건을 들어올릴 때 생기는 근육의 '힘줄'을 뜻한다.

- 筋骨(근골) : 근육의 뼈. 근육과 골격. 체력. 신체.
- 筋力(근력) : 근육의 힘. 일을 할 수 있는 몸의 힘.
- 筋肉(근육) : 몸의 연한 부분을 이루고 있는 힘줄과 살.

骨 뼈 골　力 힘 력　肉 고기 육

奇

형성자
큰 대(大)와 옳을 가(可 : 갈고리 모양).
갈고리처럼 몸을 구부리고 선 사람으로 '기특하다, 기이하다'를 뜻한다.

훈 기특할 음 기
기이하다, 뛰어나다, 속이다
大(큰 대)부, ⑤ 8획

- 奇怪(기괴) : 기이하고 괴상함.
- 奇想天外(기상천외) : 보통 사람이 생각할 수 없는 엉뚱한 생각.
- 奇術(기술) : 기묘한 재주. 눈을 속여 이상한 일을 해 보이는 재주.

怪 괴이할 괴 想 생각 상 天 하늘 천 外 바깥 외 術 재주 술

一 ナ 大 太 査 峇 杏 奇

寄

훈 부칠 음 기
보냄, 맡기다, 의지하다
宀(갓머리)부, ⑧ 11획

형성자
움집 면(宀)과 의지할 기(奇).
의지할 만한 집에 기대는 것으로, '부치다'를 뜻한다.

- 寄生(기생) : 다른 생물에 붙어 영양을 빼앗아 먹고 삶.
- 寄宿(기숙) : 남의 집에 침식을 위탁함.
- 寄與(기여) : 부치어 줌. 보내 줌. 이바지하여 줌.

生 날 생 宿 잘 숙, 별자리 수 與 더불/줄 여

丶 宀 宀 宁 宇 宲 宲 宲 㝯 㝯 寄

機

훈 틀 **음** 기

베틀, 기계, 재치

木(나무 목)부, ⑫ 16획

㉠ 机

형성자 나무 목(木)과 작을 기(幾 : 베틀). 여러 가지 장치가 되어 있는 기구, '틀, 베틀'을 뜻한다.

- 機械(기계) : 작업을 하는 도구. 남의 의사에 행동하는 일이나 사람.
- 機能(기능) : 물체가 가지고 있는 작용. 기관의 활동력.
- 機密(기밀) : 함부로 드러내지 못할 중요하고 비밀한 일.

械 기계 **계**　　能 능할 **능**　　密 빽빽할 **밀**

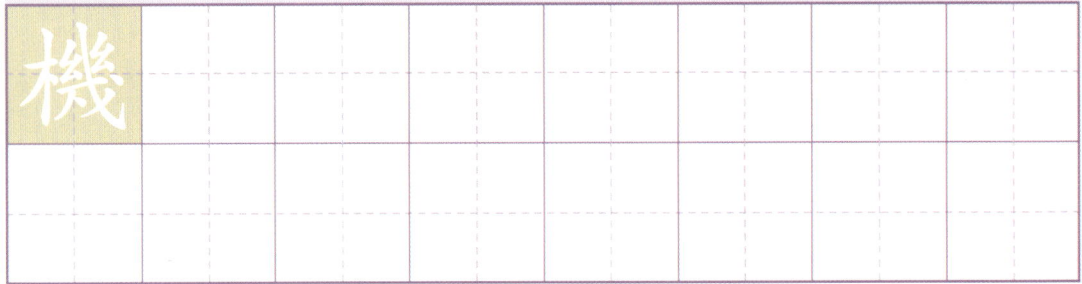

紀

훈 벼리 **음** 기

기강, 규칙, 법, 세월

糸(실 사)부, ③ 9획

㉠ 纪

형성자 실 사(糸)와 몸 기(己 : 실패). 그물이 헝클어지지 않게 하는 아래위가 굵은 줄, '벼리'를 뜻한다.

- 紀念(기념) : 뒤에 어떤 일을 상기할 근거로 삼음. 記念(기념).
- 紀律(기율) : 질서 있게 하기 위한 행동의 규정.
- 紀行(기행) : 여행 중에 보고 듣고 느낀 것을 적은 글. 기행문.

念 생각 **념**　記 기록할 **기**　律 법칙 **률**　行 다닐 **행**, 항렬 **항**

納

훈 들일 음 납

받아들이다, 거두다

糸(실 사)부, ④ 10획

갠 納 반 出 날 출 동 入 들 입

형성자 실 사(糸)와 들일 납(內).
실로 짠 옷감을 세금으로 받아서 관고에
넣어 두는 것으로, '거두어들이다'를 뜻한다.

- 納期(납기) : 세금이나 공과금 등을 바치는 시기나 기한.
- 納得(납득) : 남의 말이나 행동을 잘 알아 이해함.
- 出納(출납) : 금전이나 물품을 내어 주거나 받아들임.

期 기약할 기   得 얻을 득   出 날 출

`丶 乡 幺 幺 糸 糸 糸 糽 納 納`

段

훈 층계 음 단

층, 차례, 등급

殳(갖은등글월문)부, ⑤ 9획

회의자
끝 단(𠂆·耑)과 칠 수(殳).
벼랑 따위에 오르기 편하게 한 '층계, 층층대'
를 뜻한다.

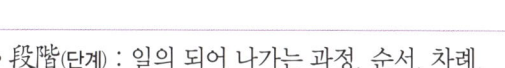

- 段階(단계) : 일의 되어 나가는 과정. 순서. 차례.
- 段落(단락) : 일을 일단 끝내는 매듭. 긴 문장에서 내용상 끊어지는 곳.
- 手段(수단) : 일을 처리해 내는 솜씨와 꾀.

階 섬돌 계   落 떨어질 락   手 손 수

`丿 亻 ㇅ ㇅ 耂 耳 段 段 段`

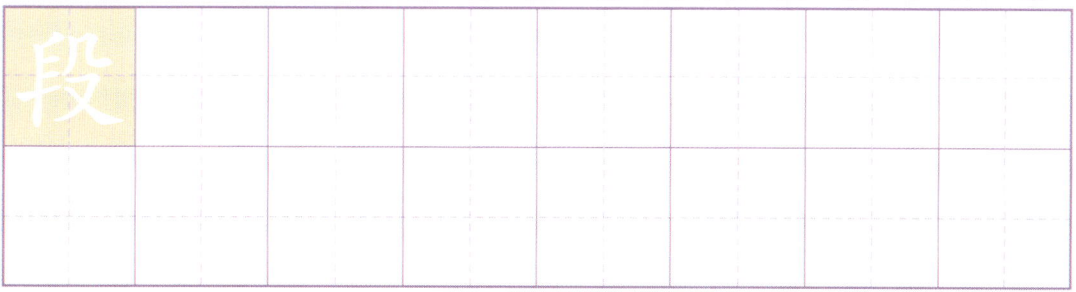

徒

훈 무리　**음** 도
동아리, 여럿, 걸어다니다
彳(두인변)부, ⑦ 10획

[동] 類 무리 류　黨 무리 당　衆 무리 중

[형성자] 조금 걸을 척(彳)에 흙 토(土)와 발 소(疋). 땅 위를 걸어다니는 사람, '무리, 여럿'을 뜻한다.

- 徒黨(도당) : '떼를 지은 무리'를 얕잡아 이르는 말.
- 徒步(도보) : 걸어서 감. 걸어서 다니는 사람.
- 無爲徒食(무위도식) : 아무런 일도 하지 않고 먹기만 함.

黨 무리 당　步 걸음 보　無 없을 무　爲 하/할 위　食 밥/먹을 식

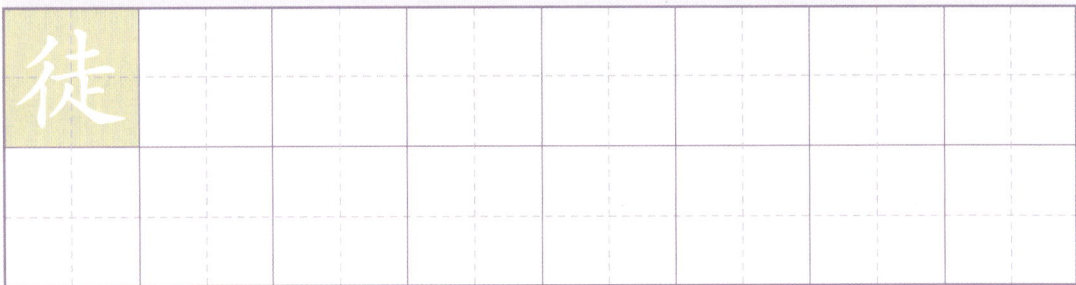

ノ 彳 彳 彳 彳 彳 徒 徒 徒 徒

徒

盜

훈 도둑　**음** 도(ː)
훔치다, 달아나다
皿(그릇 명)부, ⑦ 12획

[동] 賊 도둑 적

[회의자] 침 연(次)과 그릇 명(皿). 그릇에 있는 음식을 보고 탐내어 '훔치다'를 뜻한다.

- 盜難(도난) : 물건을 도둑맞는 재난.
- 盜伐(도벌) : 산의 나무를 몰래 벰.
- 盜聽(도청) : 몰래 엿들음.

難 어려울 난　伐 칠 벌　聽 들을 청

丶 丶 冫 氵 氵 汐 次 次 盜 盜 盜 盜

盜

逃

훈 도망할   음 도

달아나다, 피하다

辶(책받침)부, ⑥ 10획

간 逃   통 避 피할 피

형성자 조짐 조(兆 : 갈라지다)와 쉬엄쉬엄 갈 착(辶·辵). 슬금슬금 갈라져 달아나는 것을 뜻한다.

- 逃亡(도망) : 몰래 피해 달아남. 쫓겨 달아남.
- 逃走(도주) : 달아남. 도망함.
- 逃避(도피) : 무엇을 피하여 도망하거나 빠져 나옴.

亡 망할 **망**   走 달릴 **주**   避 피할 **피**

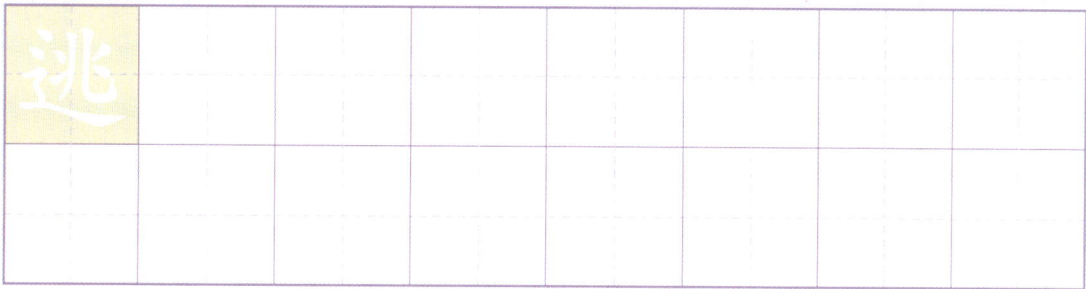

亂

훈 어지러울   음 란:

난리, 반역

乙(새 을)부, ⑫ 13획

간약 乱

회의자 다스릴 란(𤔔)과 얽힐 을(乚). 헝클어진 실을 풀고 정리하는 것으로, '어지럽다'를 뜻한다.

- 亂動(난동) : 질서를 어지럽히며 함부로 행동함.
- 亂離(난리) : 전쟁이나 분쟁 따위로 세상이 어지러워진 상태.
- 亂民(난민) : 무리를 지어 나라의 질서를 어지럽히는 백성.

動 움직일 **동**   離 떠날 **리**   民 백성 **민**

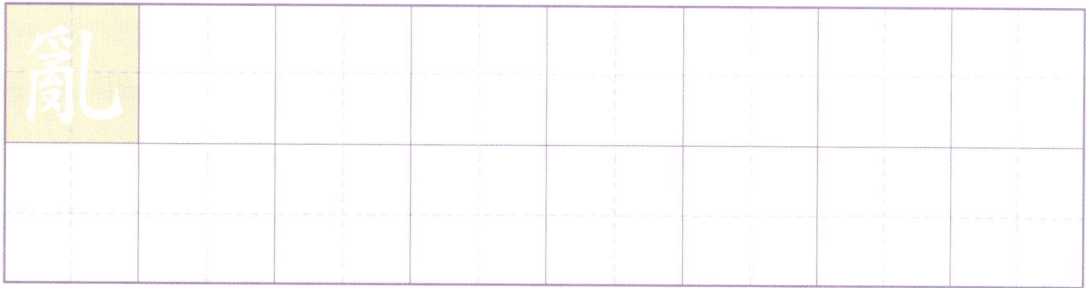

卵

훈 알 **음** 란:
새·물고기·벌레의 알

卩(병부절)부, ⑤ 7획

상형자
개구리나 물고기의 양쪽 알주머니의 모양을 본뜬 글자.

- 卵生(난생) : 알이 부화되어 새끼가 나옴.
- 卵形(난형) : 계란(달걀)의 형상.
- 産卵(산란) : 알을 낳음.

生 날 **생**   形 모양 **형**   産 낳을 **산**

` ㄴ ㄷ 乍 卯 卯 卵

卵								

覽

훈 볼 **음** 람
두루 보다, 전망, 경관

見(볼 견)부, ⑭ 21획

간 览   **약** 覧   **동** 見 볼 견   觀 볼 관

형성자 볼 감(監)과 볼 견(見).
監(감)은 비추어 보는 것으로, '보다'를 뜻한다.

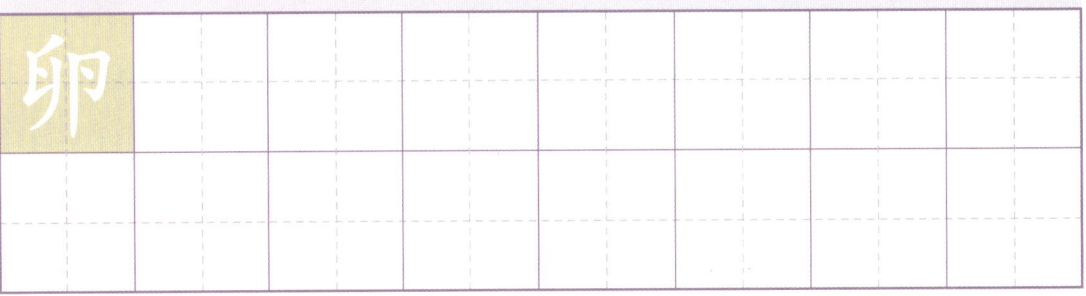

- 觀覽(관람) : 연극이나 영화, 경기 등을 구경함.
- 博覽(박람) : 여러 가지 책을 많이 읽음. 사물을 널리 봄.
- 展覽(전람) : 펴서 봄. 벌이어 놓고 봄.

觀 볼 **관**   博 넓을 **박**   展 펼 **전**

一 丆 丆 丒 丒 臣 臣 臤 臤 臨 臨 臨 臨 臨 臨 覽 覽 覽 覽 覽 覽

覽								

略

훈 간략할/약할　**음** 략

생략하다, 꾀, 슬기

田(밭 전)**부**, ⑥ 11획

형성자
밭 전(田)과 각각 각(各 : 이르다).
자신의 생산지에 이르러 다스리다를 뜻하는
것으로, 파생하여 쓰인다.

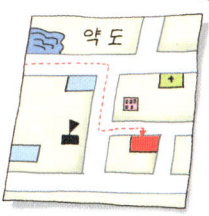

- 略圖(약도) : 요점이나 요소만을 간략하게 나타낸 그림.
- 略歷(약력) : 간단하게 중요한 것만 적은 이력.
- 省略(생략) : 덜어서 줄임. 뺌.

圖 그림 **도**　歷 지날 **력**　省 살필 **성**, 덜 **생**

` 丨 冂 日 田 田 田´ 田夂 田夂 田夂 略 略 `

糧

간 粮

훈 양식　**음** 량

먹이, 급여, 구실

米(쌀 미)**부**, ⑫ 18획

형성자　쌀 미(米)와 헤아릴 량(量).
쌀을 헤아려 모아두는 것으로, '양식'을
뜻한다.

- 糧穀(양곡) : 양식으로 쓰이는 곡식.
- 糧食(양식) : 살아가는 데 필요한 먹을거리. 식량.
- 軍糧米(군량미) : 군대의 식량으로 쓰는 쌀.

穀 곡식 **곡**　食 밥/먹을 **식**　軍 군사 **군**　米 쌀 **미**

` 丶 丷 亠 半 米 米 米 籵 籵 籵 桿 桿 槹 槹 糧 糧 糧 `

57

훈 생각할 **음** 려:

염려하다, 근심하다

心(마음 심)부, ⑪ 15획

㉠ 慮 ㉥ 思 생각 사 考 생각할 고
　　　　　念 생각 념

형성자 호랑이 호(虍)와 생각 사(思).
호랑이를 두고 깊이 생각하거나 염려하는 것을 뜻한다.

- 考慮(고려) : 생각하여 헤아림.
- 念慮(염려) : 마음을 놓지 못함. 헤아려 걱정함.
- 千慮一失(천려일실) : (지혜로운 사람도) 많은 생각 속에 실책이 있음.

考 생각할 고　念 생각 념　千 일천 천　一 한 일　失 잃을 실

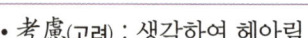

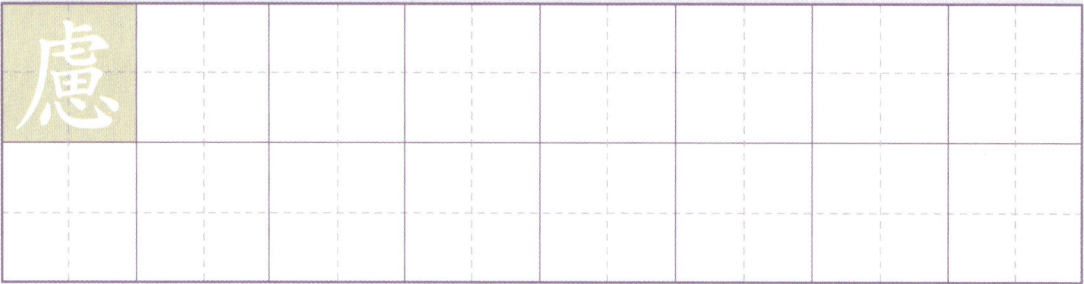

훈 매울 **음** 렬

세차다, 사납다, 심하다

灬(연화발)부, ⑥ 10획

형성자 벌일 렬(列)과 불화받침(灬·火).
불길이 연달아 일어나 세찬 것을 뜻한다.

- 烈女(열녀) : 남편에 대한 절개를 지킨 여자.
- 烈士(열사) : 조국과 민족을 위해 장렬하게 목숨을 바친 사람.
- 先烈(선열) : 정의를 위해 싸우다 죽은 열사.

女 계집 녀　士 선비 사　先 먼저 선

龍
훈 용 음 룡
임금, 뛰어난 인물
龍(용 룡)부, ⓪ 16획

㉮ 龙 ㉯ 竜

상형자 머리에 뿔이 있고 입을 벌리고 긴 몸뚱이를 가진 상상의 동물, '용'을 뜻한다.

- 龍宮(용궁) : 바다 속에 있다고 하는 용왕의 궁전.
- 龍頭蛇尾(용두사미) : '용의 머리에 뱀의 꼬리.' 처음은 좋으나 끝이 나쁨.
- 龍虎相搏(용호상박) : 용과 범이 서로 싸움. 두 강자가 승패를 겨룸.

宮 집 궁   蛇 긴뱀 사   尾 꼬리 미   虎 범 호   相 서로 상   搏 잡을 박

丶 一 ナ 去 立 产 产 青 青 青 青 背 背 龍 龍 龍 龍

龍

柳
훈 버들 음 류(:)
버드나무, 모이다
木(나무 목)부, ⑤ 9획

형성자
나무 목(木)과 흐를 묘(卯).
긴 가지가 흐르는 것 같은 나무, '버들, 버드나무'를 뜻한다.

- 柳絮(유서) : 버들개지.
- 柳暗花明(유암화명) : 버들은 무성하여 그늘이 짙고, 꽃은 활짝 피어 환하게 아름다움. 곧 시골의 아름다운 봄 경치.

絮 솜 서   暗 어두울 암   花 꽃 화   明 밝을 명

一 十 才 木 术 札 柯 柳 柳

柳

輪
- 훈: 바퀴
- 음: 륜
- 둘레, 돌다, 수레, 탈것
- 車(수레 거)부, ⑧ 15획

간 轮

형성자 수레 거(車)와 질서 륜(侖).
바퀴가 잘 굴러 가는 모양, '바퀴'를 뜻한다.

- 輪狀(윤상) : 바퀴 모양.
- 輪轉(윤전) : 둥글게 돎. 바퀴 모양으로 회전함.
- 年輪(연륜) : 나이테. 한 해 한 해 쌓아올린 역사.

狀 형상 **상**, 문서 **장**　轉 구를 **전**　年 해 **년**

一 厂 厂 币 币 亘 車 車 軒 軒 軩 輪 輪 輪 輪

輪

離
- 훈: 떠날
- 음: 리:
- 이별하다, 흩어지다
- 隹(새 추)부, ⑪ 19획

간 离　약 𬳽　동 散 흩을 산

형성자 헤어질 리(离)와 새 추(隹).
계절이 바뀌어 철새들이 헤어지는 것을 뜻한다.

- 離農(이농) : 농사일을 버리고 농촌을 떠남.
- 離別(이별) : 서로 갈라짐. 헤어짐.
- 會者定離(회자정리) : 만나는 사람은 반드시 헤어질 운명에 있음.

農 농사 **농**　別 다를/나눌 **별**　會 모일 **회**　者 놈 **자**　定 정할 **정**

丶 亠 ナ 亢 产 商 离 离 离 离 离 离 离 离 离 离 離 離

離

妹

훈 누이 음 매

손아래 누이, 소녀

女(계집 녀)부, ⑤ 8획

반 姉 손윗누이 자

형성자 계집 녀(女)와 아닐 미(未). 未(미)는 아직 젊다는 뜻으로, '누이동생'을 뜻한다

- 妹夫(매부) : 누이의 남편. 妹兄(매형).
- 妹弟(매제) : 손아래 누이의 남편. 반 妹兄(매형)
- 男妹(남매) : 오라비와 누이. 오누이.

夫 지아비 부   兄 형 형   弟 아우 제   男 사내 남

ㄑ ㄥ 女 女˘ 女⁻ 妌 妹 妹

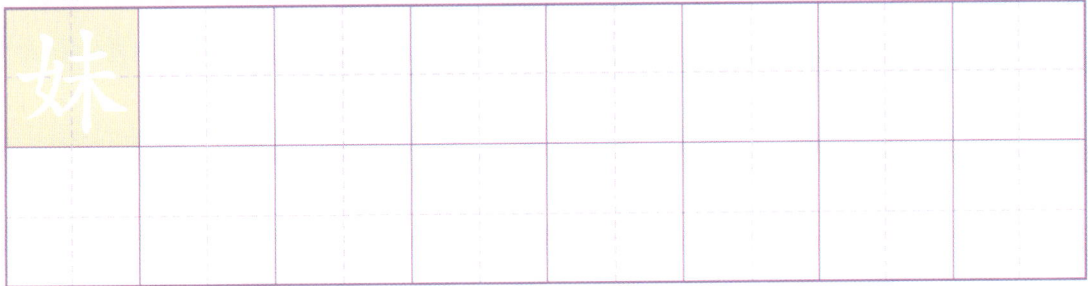

勉

훈 힘쓸 음 면:

권하다, 격려하다

力(힘 력)부, ⑦ 9획

동 努 힘쓸 노   務 힘쓸 무

형성자 면할 면(免 : 여성이 다리를 벌리고 출산하는 모양)과 힘 력(力). 힘들여 노력하는 것을 뜻한다.

- 勉學(면학) : 배움에 힘씀.
- 勤勉(근면) : 부지런히 힘씀.
- 勸勉(권면) : 무슨 일을 듣도록 타일러 힘쓰게 함.

學 배울 학   勤 부지런할 근   勸 권할 권

ノ ク ケ 各 各 争 免 免 勉

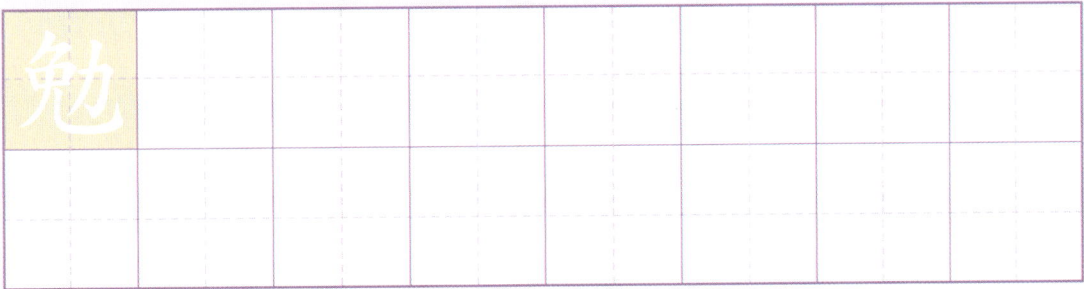

鳴

훈 울 음 명

새·짐승 울음, 울리다

鳥(새 조)부, ③ 14획

간 鳴

회의자 입 구(口)와 새 조(鳥). 수탉이 홰치며 우는 것을 뜻한다. 새가 입을 벌리고 우는 것으로, '울다'를 뜻한다.

- 鳴動(명동) : 울리어 진동함.
- 悲鳴(비명) : 몹시 공포를 느낄 때 지르는 소리.
- 自鳴鍾(자명종) : 일정한 시간이 되면 울리는 시계.

動 움직일 **동**   悲 슬플 **비**   自 스스로 **자**   鍾 쇠북 **종**

丨 冂 口 口' 叮 吖 吖 咱 咱 鳴 鳴 鳴 鳴 鳴

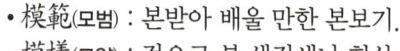

模

훈 본뜰 음 모

법, 본, 본보기, 모범

木(나무 목)부, ⑪ 15획

형성자 나무 목(木)과 해질 모(莫·暮 : 찾아 구함). 나무로 틀을 만들어 본을 뜨는 것을 뜻한다.

- 模範(모범) : 본받아 배울 만한 본보기.
- 模樣(모양) : 겉으로 본 생김새나 형상.
- 模型(모형) : 똑같은 모양의 물건을 만들기 위한 틀. 실물과 같게 만든 물건.

範 법 **범**   樣 모양 **양**   型 모형 **형**

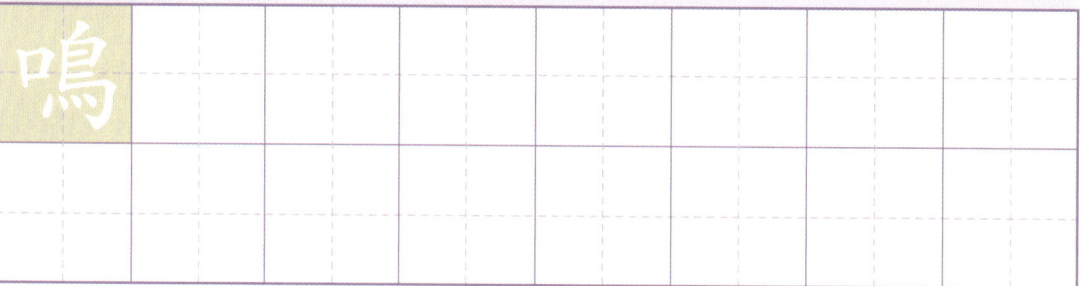

一 十 才 木 木 村 村 村 村 桔 植 椬 椬 模 模

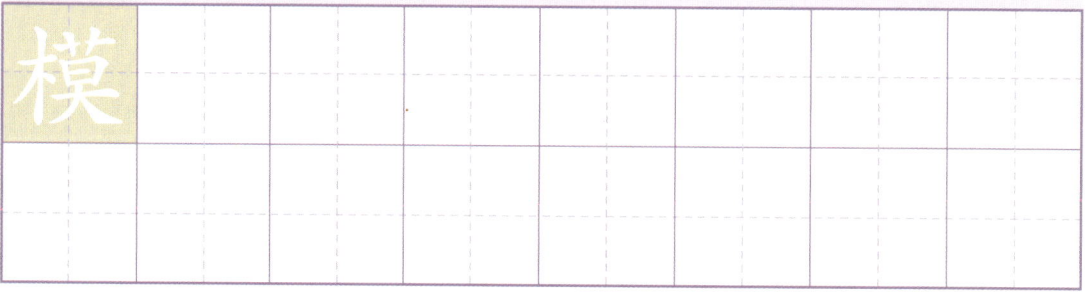

훈 무덤 음 묘:
묘지, 묘역

土(흙 토)부, ⑪ 14획

형성자
저물 모(莫)와 흙 토(土).
죽은 사람을 흙으로 덮은 '무덤'을 뜻한다.

- 墓碑(묘비) : 무덤 앞에 세우는 비석. 墓石(묘석).
- 墓地(묘지) : 무덤이 있는 땅. 또는 그 구역.
- 省墓(성묘) : 조상의 산소를 살펴봄.

碑 비석 비   地 따(땅) 지   省 살필 성, 덜 생

一 十 卄 艹 艹 芢 莒 莒 苩 草 莫 莫 募 墓

훈 묘할 음 묘:
뛰어나다, 아름답다

女(계집 녀)부, ④ 7획

회의자
계집 녀(女)와 젊을 소(少 : 가냘프다).
살결이 고운 여자는 예쁘고 묘하다는 뜻을 나타낸다.

- 妙技(묘기) : 뛰어난 재주. 교묘한 기술.
- 妙手(묘수) : 문제 해결에 아주 좋은 방법이나 솜씨.
- 妙策(묘책) : 문제를 해결할 수 있는 훌륭한 꾀.

技 재주 기   手 손 수   策 꾀 책

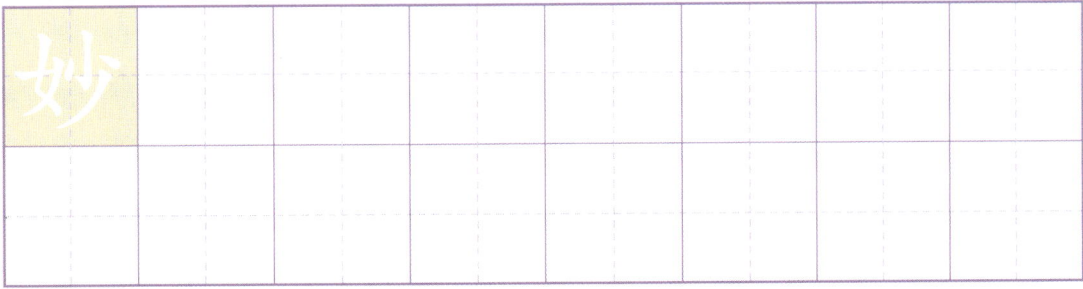

舞

- **훈** 춤출 **음** 무:
- 춤, 무용
- 舛(어그러질 천)부, ⑧ 14획

동 踊 뛸 용

형성·회의자 없을 무(無·無)와 어그러질 천(舛). 사람이 춤을 추는 모양의 상형자였으나 가차하여 쓰인다.

- 舞臺(무대) : 연극이나 춤·노래를 할 수 있게 마련한 곳.
- 舞踊(무용) : 음악에 맞추어 율동과 몸짓으로 아름다움을 표현하는 예술.
- 舞姬(무희) : 춤추는 여자. 직업으로 춤을 추는 여자.

臺 대 대   踊 뛸 용   姬 계집 희

拍

- **훈** 칠 **음** 박
- (손뼉)치다, 박자(拍子)
- 扌(재방변)부, ⑤ 8획

형성자 손 수(扌·手)와 말할 백(白). 손뼉을 치며 떠드는 것으로, '치다, 손뼉을 치다'를 뜻한다.

- 拍手(박수) : 손뼉을 침.
- 拍掌大笑(박장대소) : 손뼉을 치며 크게 웃음.
- 拍車(박차) : 어떤 일의 진행을 촉진시키기 위하여 더하는 힘.

手 손 수   掌 손바닥 장   大 큰 대   笑 웃음 소   車 수레 거·차

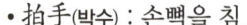

髮

훈 터럭 **음** 발

머리털(머리), 초목

髟(터럭발머리)부, ⑤ 15획

갼 发　**중** 毛 터럭 모

형성자 깃발 날릴 표(髟)와 개 달아날 발(犮). 지나치게 늘어지면 잘라야 하는 '머리털'을 뜻한다.

- 髮膚(발부) : 머리털과 피부. 몸. 身體(신체).
- 短髮(단발) : 짧은 머리. **반** 長髮(장발)
- 毛髮(모발) : 사람의 몸에 난 터럭을 통틀어 일컫는 말.

膚 살갖 **부**　身 몸 **신**　體 몸 **체**　短 짧을 **단**　長 긴 **장**　毛 터럭 **모**

丨 ㄧ ㄏ Ｆ 토 镸 镸 長 長′ 髟 髟 髟 髯 髣 髮 髮

髮							

妨

훈 방해할 **음** 방

손상하다, 거리끼다

女(계집 녀)부, ④ 7획

형성자 계집 녀(女)와 모 방(方). 方(방)은 손을 좌우로 내미는 것으로, '방해하다'를 뜻한다.

- 妨止(방지) : 막아서 그치게 함. 防止(방지).
- 妨害(방해) : 남의 일에 훼살을 놓아 못하게 함.
- 無妨(무방) : 문제가 되거나 해롭지 않음.

止 그칠 **지**　防 막을 **방**　害 해할 **해**　無 없을 **무**

ㄑ ㄑ 女 女 女˙ 妨 妨

妨							

65

犯

훈 범할 **음** 범:

어기다, 침범, 범인

犭(개사슴록변)부, ② 5획

동 侵 침노할 침

형성자 개 견(犭·犬)과 마디 절(㔾·節:몸).
개가 사람에게 덤벼들어 '범하다'를 뜻한다.

- 犯法(범법): 법에 어긋나는 일을 함.
- 犯罪(범죄): 죄를 지음. 또는 그 범한 죄.
- 犯行(범행): 법을 어기는 행위.

法 법 **법**   罪 허물 **죄**   行 다닐 **행**, 항렬 **항**

ノ ノ 犭 犯 犯

犯

範

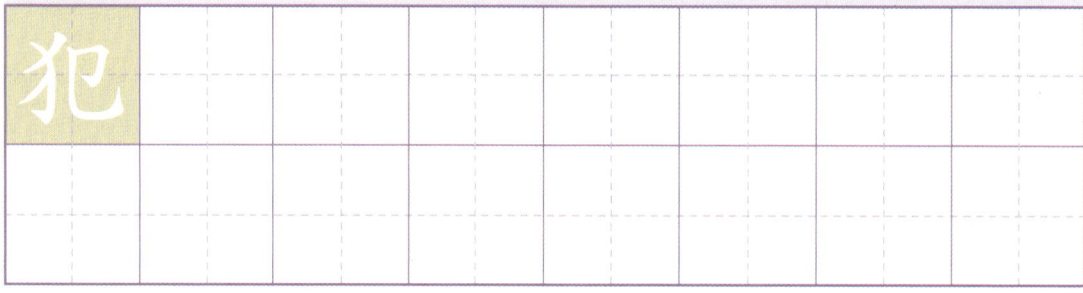

훈 법 **음** 범:

틀, 본보기, 한계

竹(대 죽)부, ⑨ 15획

간 范   **동** 法 법 **법**   式 법 **식**   規 법 **규**

형성자 본보기 범(范)과 수레 거(車).
수레바퀴 자국이 일정한 것처럼, 본보기가
되기 위한 일정한 '법'을 뜻한다.

- 範例(범례): 본보기. 예시하여 모범으로 삼는 것.
- 範圍(범위): 어떤 힘이 미치는 한계. 테두리.
- 模範(모범): 본받아 배울 만한 본보기.

例 법식 **례**   圍 에워쌀 **위**   模 본뜰 **모**

ノ ㇏ ㇏ ㇏ 竹 竺 竺 竺 笁 笵 笵 範 範 範

範

辯

훈 말씀 **음** 변:
말 잘하다, 판별하다

辛(매울 신)부, ⑭ 21획

㉮ 辯 ㊌ 言 말씀 언 語 말씀 어
　　　　　說 말씀 설 話 말씀 화

회의자 나눌 변(辡)과 말씀 언(言).
말로 일의 도리를 밝히는 것을 뜻한다.

- 辯論(변론) : 사리를 밝혀 옳고 그름을 말함.
- 辯說(변설) : 일의 옳고 그름을 분명하게 가려 설명함.
- 辯護(변호) : 변명하고 비호함. 상대방의 공격에 대한 방어.

論 논할 **론**　說 말씀 **설**, 달랠 **세**　護 도울 **호**

普

훈 넓을 **음** 보:
두루 미치다, 보통, 널리

日(날 일)부, ⑧ 12획

㊌ 博 넓을 박　廣 넓을 광

형성자 나란히 할 병(竝 : 널리 퍼짐)과
날 일(日). 햇볕이 널리 퍼지는 것을 뜻한다.

- 普及(보급) : 널리 미침. 세상에 널리 퍼지게 함.
- 普施(보시) : 은혜를 널리 베풂.
- 普通(보통) : 특별하지 않고 널리 일반에 통함.

及 미칠 **급**　施 베풀 **시**　通 통할 **통**

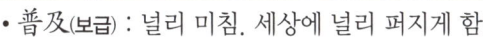

伏

- 훈 엎드릴　음 복
- 굴복(屈伏)하다, 숨기다
- 亻(사람인변)부, ④ 6획

반 起 일어날 기

회의자　사람 인(亻·人)과 개 견(犬).
기르는 개가 주인에게 엎드리는 것을 뜻한다.

- 伏兵(복병) : 뜻밖에 나타난 경쟁 상대나 장애.
- 哀乞伏乞(애걸복걸) : 애처롭게 사정하여 굽실거리며 빎.
- 降伏(항복) : 싸움에 진 것을 상대에게 인정함.

兵 병사 병　哀 슬플 애　乞 빌 걸　降 내릴 강, 항복할 항

丿 亻 亻 仁 伏 伏

複

- 훈 겹칠　음 복
- 거듭, 겹옷, 겹
- 衤(옷의변)부, ⑨ 14획

간 复　반 單 홑 단

형성자　옷 의(衤·衣)와 거듭 복(复).
겹옷의 뜻에서, '겹치다'를 뜻한다.

- 複道(복도) : 건물 안에 다니게 된 통로.
- 複數(복수) : 둘 이상의 수. 반 단수(單數)
- 複合(복합) : 두 가지 이상의 것이 합하여 하나가 됨.

道 길 도　數 셈 수　單 홑 단　合 합할 합

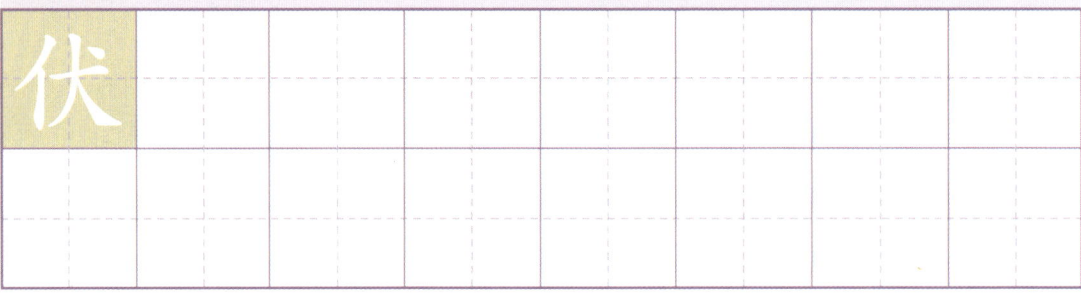

丶 亠 ㇇ 衤 衤 衤 衤 衤 衤 衤 衤 衤 複 複

否

훈 아닐 **음** 부:
부정하다, 틀리다, 막히다

口(입 구)부, ④ 7획

반 可 옳을 가　동 非 아닐 비　不 아닐 불·부

회의·형성자　아닐 불(不)과 입 구(口).
입으로 '아니다'라고 말하는 것을 뜻한다.

- 否決(부결) : 회의에서 의안을 성립시키지 않기로 결정함.
- 否定(부정) : 그러하다고 인정하지 않음. 그렇지 않다고 단정함.
- 可否(가부) : 옳음과 그름. 찬성과 반대.

決 결단할 결　定 정할 정　可 옳을 가

一ノオ不不否否

負

훈 질 **음** 부:
짐지다, 부상을 입다, 빚지다

貝(조개 패)부, ② 9획

간 負　반 勝 이길 승　동 敗 패할 패

회의자　사람 인(亻·人)과 조개 패(貝 : 재물).
사람이 재물에 의지하는 것으로, '짐지다'를
뜻한다.

- 負傷(부상) : 몸에 상처를 입음.
- 負債(부채) : 남에게 빚을 짐.
- 勝負(승부) : 이기고 짐.

傷 다칠 상　債 빚 채　勝 이길 승

ノク户力危角自負負

憤

훈 분할　**음** 분:

성내다, 분노하다, 번민

忄(심방변)부, ⑫ 15획

㉮ 憤

형성자 마음 심(忄·心)과 클 분(賁 : 왕성함). 마음속에서 왕성하게 일어나는 '화, 성냄'을 뜻한다.

- 憤慨(분개) : 몹시 화를 냄. 매우 분하게 여김.
- 憤怒(분노) : 분하여 몹시 성냄.
- 憤痛(분통) : 몹시 분하여 마음이 쓰리고 아픔.

慨 슬퍼할 **개**　怒 성낼 **노**　痛 아플 **통**

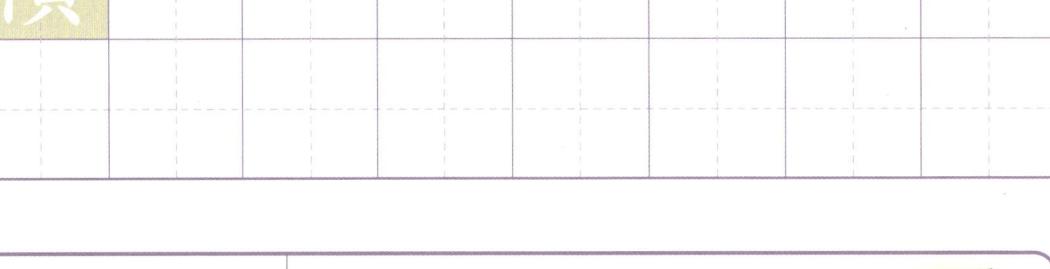

丶 丷 忄 忄 忄 忄 忄 忄 愭 憤 憤 憤 憤 憤 憤

憤

粉

훈 가루　**음** 분(:)

분, 분바르다, 희다

米(쌀 미)부, ④ 10획

형성자 쌀 미(米)와 나눌 분(分). 쌀을 빻아 가루로 만든 것을 뜻한다.

- 粉骨碎身(분골쇄신) : '뼈가 가루가 되고 몸이 부서진다'는 뜻으로, 있는 힘을 다하여 노력함.
- 粉食(분식) : (빵·국수 등) 곡식의 가루로 만든 음식. 또는 그런 음식을 먹음.

骨 뼈 **골**　碎 부술 **쇄**　身 몸 **신**　食 밥/먹을 **식**

丶 丷 丷 半 半 米 米 粉 粉 粉

粉

批

훈 비평할 **음** 비:

비난하다, 손으로 치다

扌(재방변)부, ④ 7획

評 평할 평

형성자 손 수(扌·手)와 견줄 비(比).
기준이 되는 것과 견주어 비평하는 것을 뜻한다.

- 批准(비준) : 조약의 체결에 대하여 국가가 최종적으로 확인하고 동의함.
- 批判(비판) : 비평하여 판단함. 좋고 나쁨, 옳고 그름을 따져 말함.
- 批評(비평) : 사물의 좋고 나쁨, 옳고 그름 따위를 평가함.

准 비준 **준**   判 판단할 **판**   評 평할 **평**

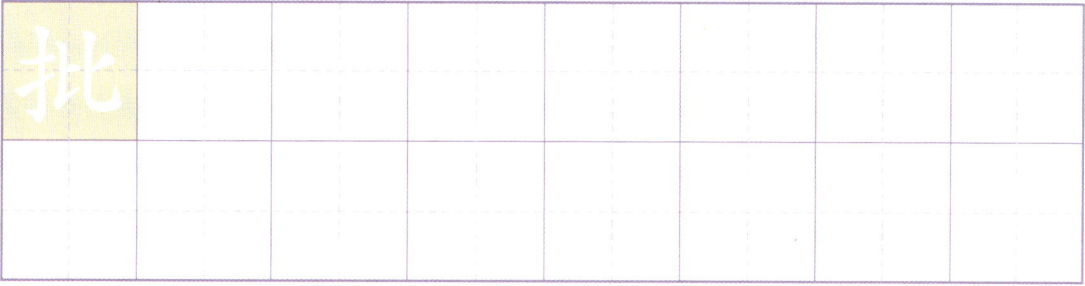

碑

훈 비석 **음** 비

돌기둥, 문체 이름

石(돌 석)부, ⑧ 13획

형성자
돌 석(石)과 하여금 비(卑).
돌에 이름을 새겨 알리는 것으로, '비석'을 뜻한다.

- 碑石(비석) : 빗돌. 돌에 글자를 새겨서 세워 놓은 것.
- 墓碑(묘비) : 무덤 앞에 세우는 비석.
- 詩碑(시비) : 시(詩)를 새겨 넣은 비석.

石 돌 **석**   墓 무덤 **묘**   詩 시 **시**

秘

훈 숨길 **음** 비:

비밀, 신비롭다

示(보일 시)부, ⑤ 10획

 秘

형성자 보일 시(示)와 반드시 필(必 : 닫다). 닫혀진 신의 세계, '숨기다'를 뜻한다.

- 秘訣(비결) : 세상에 알려져 있지 않은 좋은 방법.
- 秘密(비밀) : 남에게 보이거나 알려서는 안 되는 일의 내용.
- 秘法(비법) : 남들에게 알려지지 않은 특별한 방법.

訣 이별할 **결**   密 빽빽할 **밀**   法 법 **법**

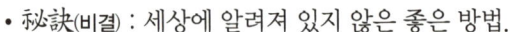

射

훈 쏠 **음** 사(:)

궁술, 맞히다

寸(마디 촌)부, ⑦ 10획

동 發 필 **발**

상형자 몸 신(身)과 화살 시(矢·寸). 화살 위에 화살을 메기는 모양을 본떠, '쏘다, 궁술'을 뜻한다.

- 射擊(사격) : 총이나 대포, 활 따위를 쏘는 것.
- 射殺(사살) : 활이나 총포로 쏘아 죽임.
- 發射(발사) : 총포나 로켓 따위를 쏨.

擊 칠 **격**   殺 죽일 **살**, 감할 **쇄**   發 필 **발**

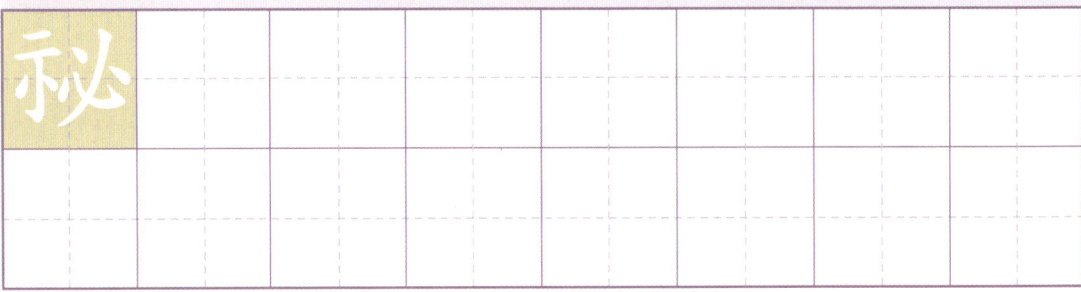

私

훈 사사(私事) **음** 사

개인, 사사로움, 은밀

禾(벼 화)부, ② 7획

반 公 공평할 공

형성자 벼 화(禾)와 사사 사(厶).
자기 개인의 벼, 제 것으로 하는 것을 뜻한다.

- 私利私慾(사리사욕) : 자기 개인의 이익과 욕심.
- 私事(사사) : 사삿일. 사사로운 일.
- 私心(사심) : 자기 혼자의 생각. 자기만의 이익을 꾀하는 마음.

利 이할 **리**　慾 욕심 **욕**　事 일 **사**　心 마음 **심**

丿 一 千 禾 禾 私 私

絲

훈 실 **음** 사

명주실, 현악기

糸(실 사)부, ⑥ 12획

간 丝 **약** 糸

상형·회의자 실 사(糸)와 실 사(糸). 누에가 끊임없이 토해 내는 '실'을 뜻한다. 또는 실을 감아 놓은 실타래의 겹쳐진 모양을 본뜬 글자.

- 鐵絲(철사) : 가늘고 길게 만든 금속의 줄.
- 一絲不亂(일사불란) : 한 오라기의 실도 흐트러지지 않았다는 뜻으로, 질서나 체계가 정연하여 조금도 흐트러진 데나 어지러운 데가 없음.

鐵 쇠 **철**　一 한 **일**　不 아닐 **불·부**　亂 어지러울 **란**

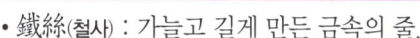

辭

훈 말씀 음 사

언어, 사퇴, 사양하다

辛(매울 신)부, ⑫ 19획

간약 辞

동 說 말씀 설 言 말씀 언 話 말씀 화

회의자 다스릴 란(㕯·亂)과 매울 신(辛). 죄를 다스리기 위하여 설명하는 말이나 글을 뜻한다.

- 辭說(사설) : 잔소리로 늘어놓는 말. 가사의 내용을 이루는 말.
- 辭典(사전) : 단어를 일정한 순서로 싣고 설명한 책.
- 辭退(사퇴) : 어떤 직책이나 지위에서 물러남.

說 말씀 설, 달랠 세 典 법 전 退 물러날 퇴

散

훈 흩을 음 산:

흩어지다, 한가롭다

攵(등글월문)부, ⑧ 12획

반 集 모을 집 會 모일 회

형성자 고기 육(月·肉)과 뿔뿔이 흩어질 산(㪔). 고깃덩이를 잘라내어 여럿으로 흩어지는 것을 뜻한다.

- 散亂(산란) : 어지럽고 어수선함.
- 散文(산문) : 제한 없이 자유롭게 쓰는 글.
- 散發(산발) : 일이 한꺼번에 일어나지 아니하고 여기저기서 이따금 일어남.

亂 어지러울 란 文 글월 문 發 필 발

[제2회] 한자능력검정시험 4급 예상 문제

문 항 수 : 100문항
합격문항 : 70문항
제한시간 : 50분

1. 다음 밑줄 친 漢字語의 讀音을 쓰시오. (1~30)

1 어려운 때일수록 勤勉함과 절약을 해야 한다.   [   ]

2 할아버지는 여든 살이신데도 筋力이 좋으시다.   [   ]

3 교장 선생님은 우리 학교 발전에 크게 寄與하셨다.   [   ]

4 이는 회사의 機密이니 아무에게도 말하지 말라.   [   ]

5 물건을 納期 내에 맞추고자 밤새워 일을 했다.   [   ]

6 이 글은 크게 세 段落으로 나눌 수 있겠다.   [   ]

7 우리 집에서 학교까지는 徒步로 30분이 걸린다.   [   ]

8 전화를 盜聽하는 것은 불법으로 규정되어 있다.   [   ]

9 그 사람은 죄를 짓고 외국으로 逃避하였다.   [   ]

10 할아버지는 亂離 통에 북에 가족을 두고 내려오셨단다.   [   ]

11 연어는 태어난 곳으로 돌아와 産卵을 하고 나면 죽는다.   [   ]

12 우리는 미술 展覽會에 단체로 입장하였다.   [   ]

13 응시 원서에 간단한 略歷을 기입하였다.   [   ]

14 그동안 念慮를 끼쳐 드려서 죄송합니다.   [   ]

15 유관순 烈士의 뜻을 기리도록 합시다.   [   ]

16 자라는 토끼를 꾀어 龍宮으로 데려갔습니다.   [   ]

17 그 사람은 지도자가 되기에 年輪이 부족하다.   [   ]

18 한때 어렵다고 離農한 사람이 많았습니다.   [   ]

19 이쪽은 나와 妹弟되는 사람입니다.   [   ]

20 우리는 勉學의 분위기를 조성하고자 노력하였습니다. [   ]

21 갑자기 쥐가 뛰어나오는 바람에 우리는 悲鳴을 질렀다. [   ]

22 실물 크기의 模型으로 된 공룡을 보았다. [   ]

23 지난 주말에는 할머니의 묘소를 省墓하고 돌아왔다. [   ]

24 무슨 좋은 妙策이 없겠나 찾아보자. [   ]

25 새로운 제품 개발에 拍車를 가하고 있다. [   ]

26 학교 앞에서의 교통 사고 防止를 위해 어머니들이 나섰다. [   ]

27 犯法 행위 근절을 위해 캠페인을 벌입시다. [   ]

28 제가 아는 範圍 내에서 말씀드리겠습니다. [   ]

29 그는 살인 사건의 辯護를 맡았다. [   ]

30 나의 성적은 우리 반에서 普通 정도이다. [   ]

2. 다음 漢字의 訓과 音을 쓰시오. (31~55)

31 伏 [   ]　32 複 [   ]　33 負 [   ]

34 憤 [   ]　35 碑 [   ]　36 祕 [   ]

37 絲 [   ]　38 辭 [   ]　39 勤 [   ]

40 寄 [   ]　41 機 [   ]　42 段 [   ]

43 盜 [   ]　44 亂 [   ]　45 略 [   ]

46 糧 [   ]　47 慮 [   ]　48 龍 [   ]

49 柳 [   ]　50 輪 [   ]　51 離 [   ]

52 鳴 [   ]　53 模 [   ]　54 墓 [   ]

55 舞 [   ]

3. 다음 漢字語 중 첫 音節이 길게 發音되는 單語 셋을 골라 그 번호를 쓰시오.(56~58)

| 例 | ① 奇怪 ② 亂動 ③ 紀念 ④ 伏兵
 ⑤ 碑石 ⑥ 逃走 ⑦ 離別 ⑧ 卵形 |

56 [   ]   57 [   ]   58 [   ]

4. 다음 漢字를 널리 쓰이는 略字로 고쳐 쓰시오.(59~61)

59 辭 [   ]   60 亂 [   ]   61 覽 [   ]

5. 다음 漢字語의 뜻을 쓰시오.(62~64)

62 辭典 [   ]

63 祕法 [   ]

64 墓碑 [   ]

6. 다음의 訓과 音으로 연결된 單語를 漢字로 쓰시오.(65~69)

| 例 | 나라 국 – 말씀 어 (國語) |

65 비평할 비 – 평할 평   [   ]

66 필 발 – 쓸 사   [   ]

67 사사 사 – 마음 심   [   ]

68 부지런할 근 – 힘쓸 무   [   ]

69 도둑 도 – 어려울 난   [   ]

7. 다음 漢字와 뜻이 같거나 비슷한 漢字를 [ ] 속에 적어 單語를 完成하시오.(70~74)

70 [   ]黨   71 觀[   ]   72 毛[   ]

73 [   ]說   74 姉[   ]

8. 다음 漢字와 뜻이 反對 또는 相對되는 漢字를 [ ] 속에 적으시오.(75~79)

75 集↔[   ]   76 公↔[   ]   77 [   ]↔否

78 出↔[   ]   79 負↔[   ]

9. 다음 漢字의 部首를 쓰시오.(80~82)

80 辭[   ]   81 奇[   ]   82 盜[   ]

10. 다음 四字成語가 完成되도록 ( ) 속의 말을 漢字로 바꾸어 쓰시오.(83~87)

83 (무위)徒食   [   ]

84 (기상)天外   [   ]

85 千慮(일실)   [   ]

86 會者(정리)   [   ]

87 (사리)私慾   [   ]

11. 다음 漢字의 同音異議語를 제시된 뜻에 맞추어 漢字로 쓰시오.(88~92)

88 山卵 : 어지럽고 어수선함.   [   ]

89 分式 : 곡식의 가루로 만든 음식. 또는 그런 음식을 먹음. [   ]

90 承父 : 이기고 짐.   [   ]

91 服首 : 둘 이상의 수.   [   ]

92 抗福 : 싸움에 진 것을 상대에게 인정함.   [   ]

12. 다음 밑줄 친 單語를 漢字로 바꾸어 쓰시오. (93~97)

93 일정한 시간 동안 노무에 종사하는 것을 근로라 한다. [   ]

94 나는 서울에 있는 외삼촌댁에서 기숙하고 있다.   [   ]

95 그는 이기기 위해 별별 수단을 다 썼다.   [   ]

96 죄를 짓고 언제까지 도망을 다니겠느냐?   [   ]

97 군대의 식량으로 쓰는 쌀을 '군량미'라고 한다.   [   ]

13 다음 漢字의 同字異音을 쓰시오. (98~100)

98 復 : ① 회복할 (   )   ② (   ) 부

99 降 : ① (   ) 강   ② 항복할 (   )

100 狀 : ① 형상 (   )   ② (   ) 장

제3장 仁義禮智(인의예지) 編

傷 象 宣 舌 屬 損 松 頌 秀 叔

肅 崇 氏 額 樣 嚴 與 域 易 延

燃 緣 鉛 映 營 迎 豫 優 遇 郵

怨 援 源 危 圍 委 威 慰 乳 儒

遊 遺 隱 依 儀 疑 異 仁 姿 資

傷
- 훈 다칠 음 상
- 상하다, 상처
- 亻(사람인변)부, ⑪ 13획

간 伤

형성자 사람 인(亻·人)과 상처 입을 상(𠃓).
사람의 몸이 상처를 입어 다치는 것을 뜻한다.

- 傷心(상심) : 마음 아파함. 슬프게 생각함.
- 傷處(상처) : 몸을 다쳐서 상한 자리.
- 傷害(상해) : 남의 몸에 상처를 내어 해롭게 함.

心 마음 심 處 곳 처 害 해할 해

丿 亻 亻 亻 亻 亻 伤 伤 傷 傷 傷 傷 傷

象
- 훈 코끼리 음 상
- 모양, 형상, 본뜨다
- 豕(돼지 시)부, ⑤ 12획

상형자 큰 코와 귀의 특성을 살려, '코끼리'의 모양을 본뜬 글자.

- 象牙(상아) : 코끼리의 위턱에 길게 뻗은 두 개의 앞 니.
- 象形(상형) : 어떤 물건의 모양을 본뜸. 사물의 모양을 본뜬 글자.
- 形象(형상) : 물건이나 사람의 생긴 모양. 形狀(형상).

牙 어금니 아 形 모양 형 狀 형상 상, 문서 장

丿 ⺈ ⺈ 乌 乌 乌 争 争 争 象 象 象

宣

훈 베풀 음 선

널리 펴다, 밝히다

宀(갓머리)부, ⑥ 9획

동 設 베풀 설　施 베풀 시　張 베풀 장

형성자　움집 면(宀)과 펼 선(亘).
天子(천자)가 자신의 의사를 고루 널리
'펴다, 베풀다'를 뜻한다.

- 宣誓(선서) : 공적으로 맹세함.
- 宣言(선언) : 분명하게 공식적으로 의견을 말하여 널리 알림.
- 宣傳(선전) : 어떤 사물의 좋은 점을 돋보이도록 널리 알림.

誓 맹세할 서　言 말씀 언　傳 전할 전

丶 宀 宀 宁 宁 宕 宣 宣 宣

舌

훈 혀 음 설

말, 언어, 혀 모양

舌(혀 설)부, ⓪ 6획

상형자
입으로 내민 혀의 모양으로, '혀, 말'을 뜻한다.

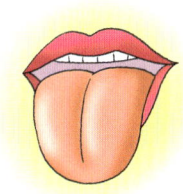

- 舌戰(설전) : 말다툼. 論爭(논쟁).
- 舌禍(설화) : 자기가 한 말이 화근이 되는 재앙.
- 口舌(구설) : 남의 입에 오르내리는 말.

戰 싸움 전　論 논할 론　爭 다툴 쟁　禍 재앙 화　口 입 구

一 二 千 千 舌 舌

屬

훈 붙일 **음** 속

잇다, 무리, 벼슬아치

尸(주검시엄)부, ⑱ 21획

간약 属

형성자 꼬리 미(尸·尾)와 벌레 촉(蜀: 계속되다). 벌레가 꼬리를 잇대어 '붙다, 잇다'를 뜻한다.

- 屬國(속국): 정치적으로 다른 나라에 매여 있는 나라.
- 屬性(속성): 사물의 특징, 또는 성질. 사물의 본질을 이루는 성질.
- 所屬(소속): 일정한 단체나 기관에 속함.

國 나라 **국**   性 성품 **성**   所 바 **소**

損

훈 덜 **음** 손:

줄임, 잃다, 해침

扌(재방변)부, ⑩ 13획

간 损   **반** 得 얻을 득   **동** 失 잃을 실

회의자 손 수(扌·手)와 둥글 원(員·隕: 떨어지다). 손으로 떨어뜨려 '덜다'를 뜻한다.

- 損傷(손상): 떨어지고 상함. 또는 상하게 함.
- 損失(손실): 잃거나 축나서 손해를 봄. 또는 그 손해.
- 損害(손해): 돈이나 재산을 잃거나 해를 입음. 본디보다 밑짐.

傷 다칠 **상**   失 잃을 **실**   害 해할 **해**

松

훈 소나무 **음** 송
솔

木(나무 목)부, ④ 8획

형성자
나무 목(木)과 공평할 공(公).
사철 잎이 푸르고 널리 쓰이는 '소나무'를 뜻한다.

- 松林(송림) : 소나무 숲.
- 松竹梅(송죽매) : (추위에 견디는) 소나무·대나무·매화나무.
- 松板(송판) : 소나무를 넓고 얇게 자른 재목. 소나무 널빤지.

林 수풀 **림**   竹 대 **죽**   梅 매화 **매**   板 널 **판**

一 十 才 木 木 松 松 松

頌

훈 기릴/칭송할 **음** 송:
문체의 하나

頁(머리 혈)부, ④ 13획

간 颂 **종** 讚 기릴 **찬**

형성자 마을 공(公)과 머리 혈(頁).
마을 광장에서 머리를 치장하고 제사 지내는 것으로 '기리다, 칭송하다'를 뜻한다.

- 頌歌(송가) : 공덕을 기리는 노래. 기리고 노래함.
- 頌德(송덕) : 공덕을 기림.
- 頌詩(송시) : 공덕을 기리는 내용의 시.

歌 노래 **가**   德 큰 **덕**   詩 시 **시**

丶 丷 公 公 公 公 公 頌 頌 頌 頌 頌 頌

훈 빼어날 음 수

꽃, 꽃이 피다

禾(벼 화)부, ② 7획

동 傑 뛰어날 걸

회의자 벼 화(禾)와 아이밸 잉(乃).
벼이삭이 탐스럽게 잘 여문 것으로, '빼어나다'를 뜻한다.

- 秀傑(수걸) : 재주와 기상이 뛰어남. 또는 그런 사람.
- 秀麗(수려) : 산수의 경치가 뛰어나고 아름다움.
- 秀才(수재) : 머리가 좋고 재주가 뛰어난 사람.

傑 뛰어날 걸　麗 고울 려　才 재주 재

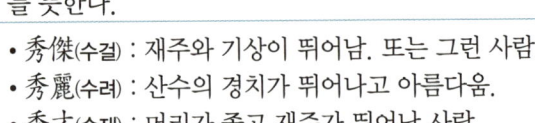

훈 아재비 음 숙

숙부, 삼촌, 어리다

又(또 우)부, ⑥ 8획

형성자
콩 숙(未 : 가지에 붙어 있는 콩)과 또 우(又).
아버지의 나이 어린 형제, '아재비, 숙부'를 뜻한다.

- 叔父(숙부) : 아버지의 동생. 작은아버지.
- 伯仲叔季(백중숙계) : 네 형제의 차례. 伯(백)은 맏이, 仲(중)은 둘째, 叔(숙)은 셋째, 季(계)는 막내를 이름.

父 아비 부　伯 맏 백　仲 버금 중　季 계절 계

肅

- 훈 엄숙할
- 음 숙

공경하다, 삼가다, 깨끗하다

聿(붓 율)부, ⑦ 13획

- 간 肅
- 약 肅
- 동 嚴 엄할 엄

회의자 붓 율(⺻·聿 : 일하다)과 연못 연(淵·淵). 깊은 연못에서 열심히 일하는 모양으로, '엄숙하다'를 뜻한다.

- 肅拜(숙배) : 머리를 숙여 공손히 절함.
- 肅然(숙연) : 두려워하며 삼가는 모양.
- 肅淸(숙청) : 엄하게 다스려 잘못된 것을 모두 치워 없앰.

拜 절 배   然 그럴 연   淸 맑을 청

ㄱ ㄱ ㄱ ㅋ 尹 尹 尹 肀 肀 肀 肀 肅 肅

崇

- 훈 높을
- 음 숭

높이다, 존중하다, 모으다

山(메 산)부, ⑧ 11획

- 반 低 낮을 저   卑 낮을 비
- 동 高 높을 고   尊 높을 존

형성자
메 산(山)과 마루 종(宗 : 족장).
산의 족장으로, '높다'를 뜻한다.

- 崇高(숭고) : 존귀하고 고상함. 높이 기릴 만함.
- 崇拜(숭배) : 마음으로부터 높이 우러러 공경함.
- 崇尙(숭상) : 높이어 소중히 여김.

高 높을 고   拜 절 배   尙 오히려 상

' 丨 山 屮 屮 屶 峃 峃 峃 崇 崇

훈 각시/성씨　**음** 씨

뿌리, 지나라

氏(각시 씨)부, ⓪ 4획

상형자
땅 속에 뻗친 나무의 뿌리 모양을 본뜬 글자.
파생하여 쓰인다.

- 氏名(씨명) : 성씨와 이름. 姓名(성명).
- 氏族(씨족) : 겨레나 부족 사회에서 공동의 조상을 가진 혈족 단체.
- 無名氏(무명씨) : 이름을 알지 못하거나 드러내지 않은 사람을 높여 이름.

名 이름 **명**　姓 성 **성**　族 겨레 **족**　無 없을 **무**

一 匚 F 氏

額

훈 이마　**음** 액

편액, 액자, 머릿수

頁(머리 혈)부, ⑨ 18획

㉯ 額

형성자 나그네 객(客)과 머리 혈(頁).
머리 앞부분, '이마'를 뜻한다.

- 額面(액면) : 편액의 겉면. 표면에 내세운 사물의 가치.
- 額數(액수) : 수량으로 나타낸 돈.
- 額子(액자) : 그림이나 글·사진 등을 걸기 위한 틀.

面 낯 **면**　數 셈 **수**　子 아들 **자**

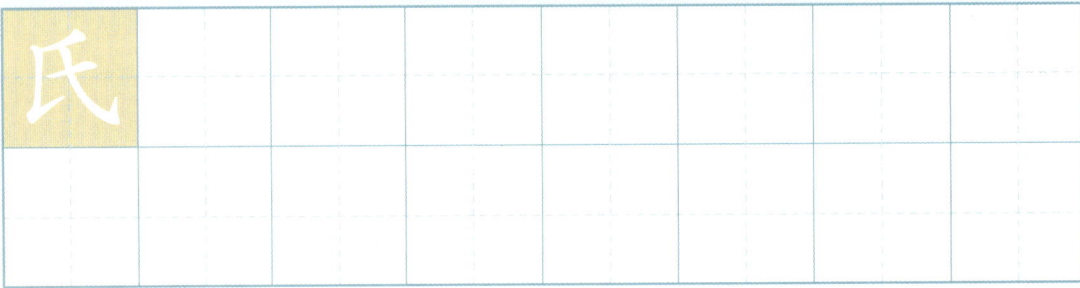

樣

훈 **모양** 음 **양**

형태, 무늬, 양식

木(나무 목)부, ⑪ 15획

간 样　약 樣　통 形 모양 형　姿 모양 자

형성자 나무 목(木)과 물근원길 양(羕).
상수리나무를 뜻하였으나 열매를 맺는다 하여
'모양'을 뜻한다.

- 樣相(양상) : 생김새나 모습. 모양.
- 樣式(양식) : 일정한 모양과 격식. 꼴. 모양.
- 貌樣(모양) : 겉으로 드러나는 생김새. 모습. 맵시. 模樣(모양).

相 서로 **상**　式 법 **식**　貌 모양 **모**　模 본뜰 **모**

一 十 才 才 木 术 术 样 样 样 样 様 様 様 様

嚴

훈 **엄할** 음 **엄**

엄숙하다, 의연함

口(입 구)부, ⑰ 20획

간 严　약 厳　통 肅 엄숙할 숙

형성자 부르짖을 훤(吅), 산 험할 엄(厂)과
용감할 감(敢). 높은 산에서 위엄있게 호령하는
것으로, '엄하다'를 뜻한다.

- 嚴格(엄격) : 언행이 흐트러짐이 없이 바름.
- 嚴冬雪寒(엄동설한) : 눈이 오고, 몹시 추운 겨울.
- 嚴重(엄중) : 몹시 엄격함. 엄격하고 정중함.

格 격식 **격**　冬 겨울 **동**　雪 눈 **설**　寒 찰 **한**　重 무거울 **중**

丨 口 口 口 吅 吅 严 严 严 严 严 严 厳 厳 嚴 嚴 嚴 嚴

與

훈 더불/줄   음 여:

편들다, 참여하다

臼(절구 구)부, ⑦ 14획

간약 与   반 受 받을 수   동 授 줄 수

형성자 마주 들 여(舁·舁 : 집어올리는 양손의 모양)와 줄 여(ㄅ·予). 상호 부조하는 것으로, '더불어 하다, 주다'를 뜻한다.

• 與件(여건) : 일을 시작하고자 할 때 미리 주어진 조건.
• 與黨(여당) : 정권을 지지하는 정부의 정당. 반 野黨(야당)
• 與否(여부) : 그러함과 그러하지 않음.

件 물건 건   黨 무리 당   野 들 야   否 아닐 부

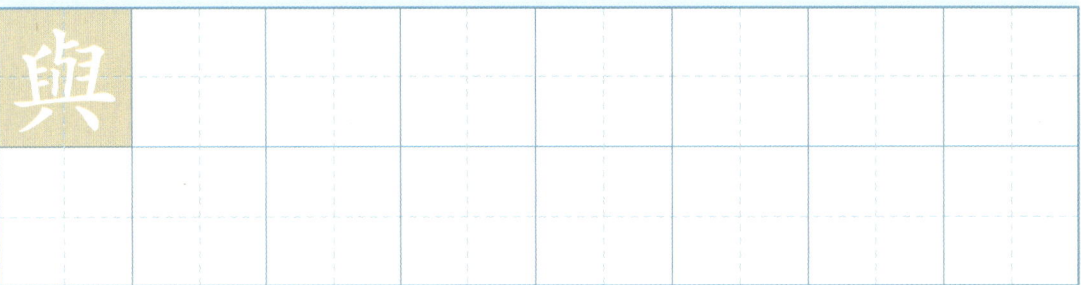

域

훈 지경   음 역

나라, 경계짓다

土(흙 토)부, ⑧ 11획

동 界 지경 계   境 지경 경

형성자 흙 토(土)와 창 과(戈), 에울 위(口)와 한 일(一). 나라(或)를 지키는 땅, '지경'을 뜻한다.

• 區域(구역) : 일정한 기준에 의하여 갈라놓은 지역.
• 領域(영역) : 영토의 범위. 힘이나 활동 따위가 미치는 분야나 범위.
• 地域(지역) : 땅의 구역. 행정이나 생활권으로 나누어진 구역.

區 구분할/지경 구   領 거느릴 령   地 따(땅) 지

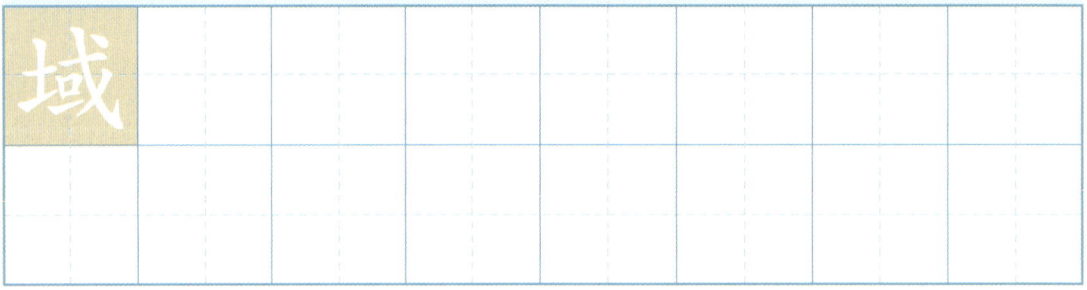

易

훈 바꿀 음 역
훈 쉬울 음 이:
교환, 주역, 점(占)
日(날 일)부, ④ 8획

반 難 어려울 난

상형자 도마뱀의 머리와 네 발을 본뜬 글자. 도마뱀이 햇빛에 따라 색깔이 변해 '바꾸다'를 뜻한다. 가차하여 쓰인다.

- 易學(역학) : 주역(周易)을 연구하는 학문. 易經(역경).
- 貿易(무역) : 상품을 사고 팔거나 교환하는 일. 交易(교역).
- 容易(용이) : 쉬움. 어렵지 않음.

學 배울 학 周 두루 주 經 지날/글 경 貿 무역할 무 交 사귈 교 容 얼굴 용

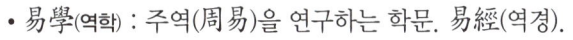

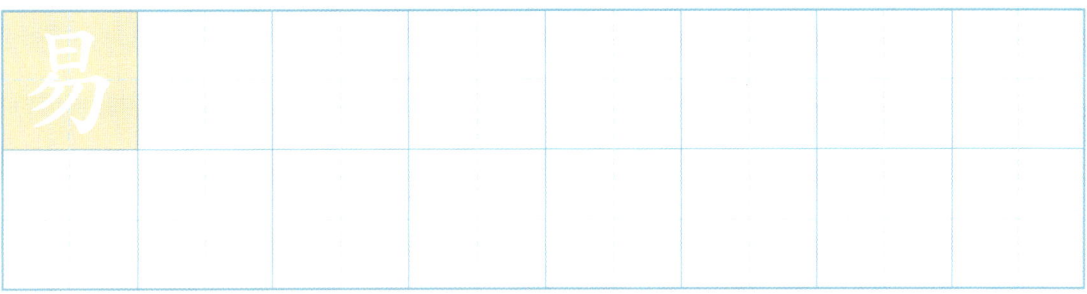

延

훈 늘일 음 연
끌다, 잇다, 미치다
廴(민책받침)부, ④ 7획

회의자 끌 인(廴 : 길)과 바를 정(正·正 : 똑바로 가다). 길을 똑바로 뻗어 가는 것으로 '늘이다, 끌다'를 뜻한다.

- 延期(연기) : 정해 놓은 기간을 늘임.
- 延長(연장) : 일정 기준보다 길이나 시간 등을 늘임.
- 延着(연착) : 예정된 날짜나 시각보다 늦게 도착함.

期 기약할 기 長 긴 장 着 붙을 착

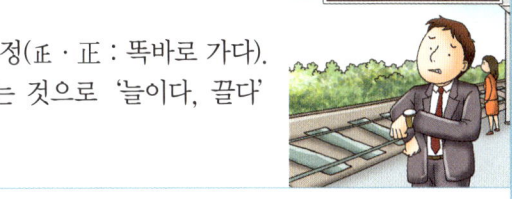

燃

훈 **탈** 음 **연**

불사르다, 불타다, 불태우다

火(불 화)부, ⑫ 16획

반 消 사라질 소

형성·회의자 불 화(火)와 태울 연(然).
불살라 태우는 것을 뜻한다.

- 燃燈(연등) : 등을 달고 불을 켬.
- 燃料(연료) : 열을 얻기 위해 태우는 재료.
- 燃燒(연소) : 물질이 공기 중의 산소와 결합하여 열과 빛을 내는 현상.

燈 등 **등**　料 헤아릴 **료**　燒 사를 **소**

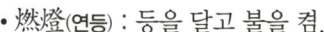

緣

훈 **인연** 음 **연**

연분, 말미암다, 가선

糸(실 사)부, ⑨ 15획

간 緣

형성자 실 사(糸)와 두를 단(彖).
옷 가장자리를 풀리지 않게 실로 잇는 것으로,
'인연'을 뜻한다.

- 緣故(연고) : 까닭. 이유. 맺어진 관계. 因緣(인연).
- 緣木求魚(연목구어) : 나무에 올라가 고기를 잡으려 함. 불가능함의 비유.
- 緣分(연분) : 인연으로 맺는 남다른 관계.

故 연고 **고**　因 인할 **인**　木 나무 **목**　求 구할 **구**　魚 고기/물고기 **어**　分 나눌 **분**

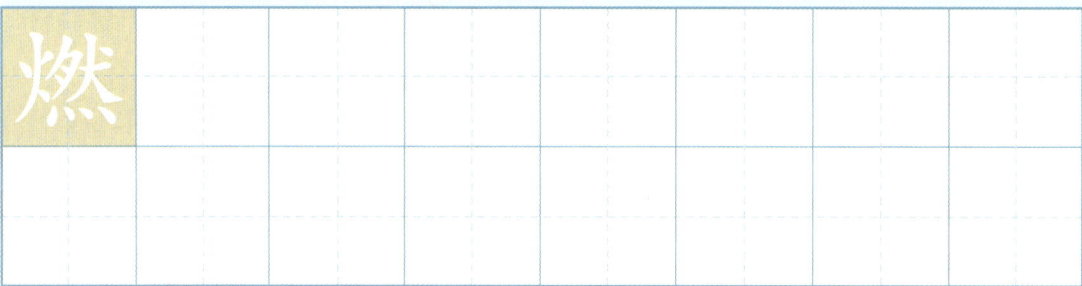

鉛

훈 **납** 음 **연**

백분, 따르다

金(쇠 금)부, ⑤ 13획

간 鉛　약 鈆

형성자 쇠 금(金)과 뚫을 연(㕣). 부드러워서 구멍을 뚫기 쉬운 쇠, '납'을 뜻한다.

- 鉛粉(연분) : 화장하는 데 바르는 흰가루.
- 鉛筆(연필) : 흑연으로 된 심을 박아 만든 필기구.
- 黑鉛(흑연) : 탄소로 된 판상 결정의 광물.

粉 가루 **분**　筆 붓 **필**　黑 검을 **흑**

ノ 丿 ヒ 乄 厶 仐 仐 余 金 釒 釦 鈆 鉛 鉛

鉛						

映

훈 **비칠** 음 **영(:)**

빛나다, 햇빛

日(날 일)부, ⑤ 9획

형성자 날 일(日)과 가운데 앙(央). 하늘 가운데 있는 햇빛을 받아 '비치다'를 뜻한다.

- 映寫(영사) : 영화 필름이나 슬라이드 등을 영사막에 비춤.
- 映像(영상) : 광선에 따라 비치는 물체의 모습.
- 映窓(영창) : 방을 환하게 하기 위해 낸 창문.

寫 베낄 **사**　像 모양 **상**　窓 창 **창**

丨 冂 日 日 日 旷 旷 映 映

映						

營

훈 경영할 **음** 영

다스리다, 짓다, 진영

火(불 화)부, ⑬ 17획

간 营 **약** 営

형성자 빛날 형(炏·熒)과 집 궁(呂·宮).
화려하고 밝은 집을 다스리는 것으로,
'경영하다'를 뜻한다.

- 營利(영리) : 사업으로 돈을 벌기 위한 일. 이득을 꾀함.
- 營業(영업) : 영리를 목적으로 사업을 경영함.
- 營養(영양) : 생물이 필요한 성분을 섭취함.

利 이할 **리**　業 업 **업**　養 기를 **양**

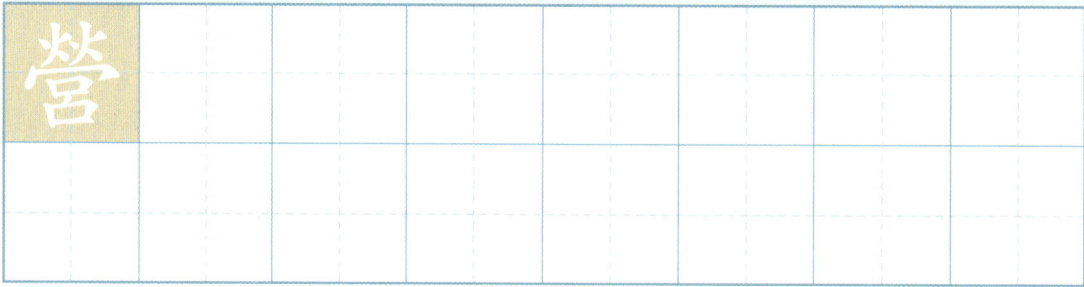

丶 ⺀ ⺌ ⺍ ⺗ 炒 炊 炏 熒 熒 營 營 營 營 營

迎

훈 맞을 **음** 영

맞이하다, 마중함

辶(책받침)부, ④ 8획

간 迎 **반** 送 보낼 송

형성자 높을 앙(卬)과 쉬엄쉬엄 갈 착(辶·辵).
사람을 마중 나가서 높이 우러러 맞이하는
것으로, '맞다'를 뜻한다.

- 迎賓(영빈) : 손님을 맞음. 손님을 영접함.
- 迎合(영합) : 비위를 맞추기 위하여 자기의 생각을 상대편이나 세상에 맞춤.
- 送舊迎新(송구영신) : 가는 해를 보내고 새해를 맞이함.

賓 손 **빈**　合 합할 **합**　送 보낼 **송**　舊 예 **구**　新 새 **신**

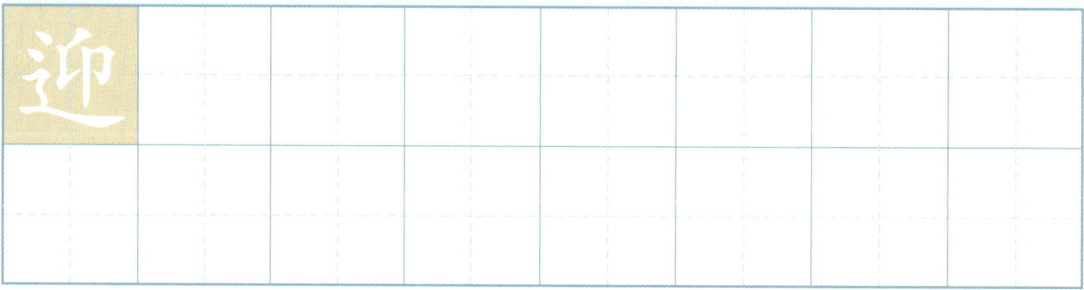

丶 ⺁ 卬 卬 卬 迎 迎 迎

豫

훈 미리 **음** 예:

기뻐하다, 머뭇거리다

豕(돼지 시)부, ⑨ 16획

약 予

형성자 취할 여(予)와 코끼리 상(象). 여유를 갖고 대비하는 것으로, '미리'를 뜻한다.

- 豫感(예감) : 어떤 일을 사전에 느낌.
- 豫備(예비) : 일이 있기 전에 미리 갖춤.
- 豫約(예약) : 어떤 권리를 얻기 위해 미리 약속함.

感 느낄 **감**　備 갖출 **비**　約 맺을 **약**

フマ ヌ 子 子' 子" 予' 予' 豫 豫 豫 豫 豫 豫 豫 豫

優

훈 넉넉할 **음** 우

후하다, 뛰어나다

亻(사람인변)부, ⑮ 17획

간 优

형성자 사람 인(亻·人)에 생각할 우(憂). 많은 생각을 하는 사람으로, '넉넉하다, 뛰어나다'를 뜻한다.

- 優待(우대) : 특별히 잘 대우함.
- 優等(우등) : 성적이 남보다 뛰어나서 상을 받는 성적이나 등급.
- 優秀(우수) : 여럿 가운데 특별히 뛰어나고 빼어남.

待 기다릴 **대**　等 무리 **등**　秀 빼어날 **수**

ノ亻亻'亻"亻"仟 仟 仟 優 優 優 優 優 優 優 優

遇

훈 만날　음 우:

알현, 대접하다, 당함

辶(책받침)부, ⑨ 13획

遇

형성자 짐승 우(禺)와 쉬엄쉬엄 갈 착(辶·辵). 아무 뜻없이 뜻하지 않게 우연히 만나는 것을 뜻한다.

- 待遇(대우) : 예를 갖춰 신분에 맞게 대함.
- 不遇(불우) : 좋은 때를 만나지 못함. 살림이나 형편이 어려움.
- 處遇(처우) : 사람을 평가해서 거기에 맞추어 대우함.

待 기다릴 **대**　不 아닐 **불·부**　處 곳 **처**

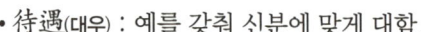

郵

훈 우편　음 우

역, 역말, 지나다

阝(우부방)부, ⑧ 11획

郵

회의자 변방 수(垂)와 고을 읍(阝·邑 : 무리). 변방의 고을로 서신 연락을 취할 때 쉬어 가는 곳을 뜻했다.

- 郵送(우송) : 물건이나 편지를 우편으로 보냄.
- 郵便(우편) : 일정한 방식에 따라 편지나 소포 따위를 받거나 보내는 일.
- 郵票(우표) : 우편물에 붙이는 증표.

送 보낼 **송**　便 편할 **편**, 똥오줌 **변**　票 표 **표**

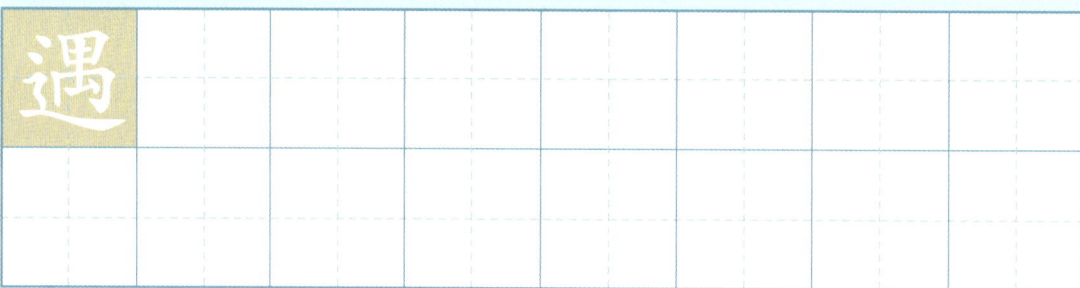

怨

훈 원망할 음 원(:)

원한, 원수, 미워하다

心(마음 심)부, ⑤ 9획

동 恨 한 한

형성자 몸을 굽힐 원(夗)과 마음 심(心). 마음이 이리저리 굽어 있어서 '원망하다'를 뜻한다.

- 怨望(원망) : 남을 못마땅히 여겨 탓함. 분하게 여겨 미워함.
- 怨聲(원성) : 원망하는 소리.
- 怨恨(원한) : 원통하고 한스러운 생각. 마음속 깊이 분한 생각.

望 바랄 망   聲 소리 성   恨 한 한

ノ ク タ タ⁷ 夘 夗 怨 怨 怨

援

훈 도울 음 원:

구원하다, 끌다, 잡다

扌(재방변)부, ⑨ 12획

동 助 도울 조   救 구원할 구   護 도울 호

형성자 손 수(扌·手)와 당길 원(爰). 손으로 끌어당겨 구원해 주는 것으로, '돕다, 구원하다'를 뜻한다.

- 援助(원조) : 도와 줌.
- 援護(원호) : 도와 주며 보살핌.
- 救援(구원) : 위험이나 어려움에 빠진 사람을 구해 줌.

助 도울 조   護 도울 호   救 구원할 구

一 十 扌 扌 扌⁻ 扌⁼ 扩 护 护 捽 援 援

源

훈 근원　**음** 원

샘, 물 흐르는 모양

氵(삼수변)부, ⑩ 13획

형성자

물 수(氵·水)와 근원 원(原 : 평평한 들).
언덕 밑에서 솟아나는 샘은 물의 근원이라
하여, '근원, 샘'을 뜻한다.

- 源流(원류) : 물의 흐름의 근원. 사물의 근원. 원천과 흐름.
- 源泉(원천) : 물이 흘러나오는 근원. 사물의 근원.
- 根源(근원) : 물줄기의 근원. 사물이 생겨나는 본바탕.

流 흐를 류　泉 샘 천　根 뿌리 근

丶 丶 氵 氵 汀 沪 沪 沪 沥 沥 源 源 源

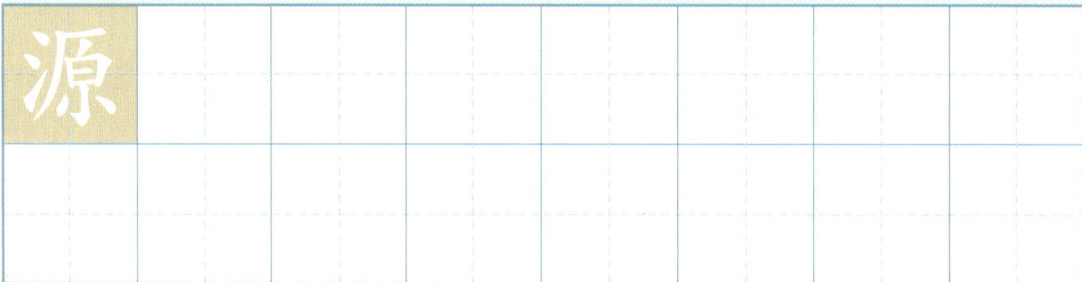

危

훈 위태할　**음** 위

험하다, 두려워하다

㔾(병부절)부, ④ 6획

반 安 편안 안

회의자 언덕(厂 : 벼랑) 위에 사람이(𠂉)
웅크리고 있는 모양. 두려움에 떠는 것으로,
'위태하다, 험하다'를 뜻한다.

- 危急(위급) : 매우 위태롭고 급함.
- 危機(위기) : 위험한 순간. 위험한 경우.
- 危險(위험) : 형세가 매우 어려움. 위태함. 안전하지 못함.

急 급할 급　機 틀 기　險 험할 험

丿 𠂊 𠂉 产 片 危

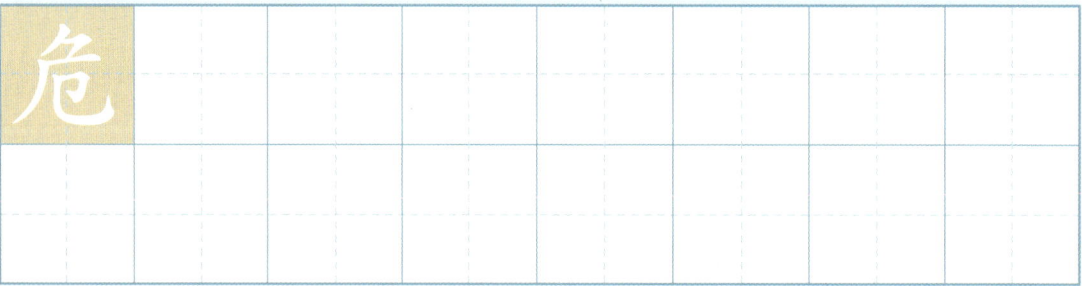

훈 에워쌀 음 위

둘레, 구역, 경계, 포위

口(큰입구몸)부, ⑨ 12획

간 圍 약 囲 동 包쌀포

형성자 에울 위(口) 안에 군복 위(韋).
군사들이 둘러싸고 지키거나 공격하는 성의 '둘레'를 뜻한다.

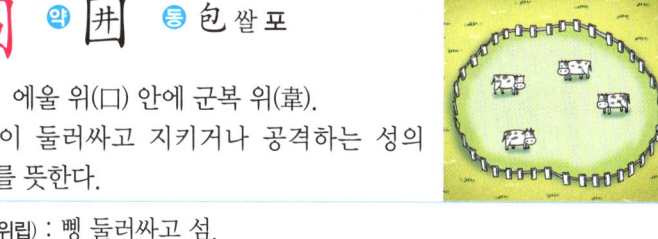

- 圍立(위립) : 뼁 둘러싸고 섬.
- 範圍(범위) : 어떤 힘이 미치는 한계.
- 周圍(주위) : 어떤 지점의 바깥 둘레. 또는 그 환경.

立 설 **립**   範 법 **범**   周 두루 **주**

` 丨 冂 冂 冃 冄 周 周 周 周 圍 圍 圍 `

圍							

훈 맡길 음 위

버리다, 쌓이다

女(계집 녀)부, ⑤ 8획

동 任 맡길 임

회의자 벼 화(禾 : 고개 숙인 벼이삭)와 계집 녀(女). 벼이삭처럼 고개 숙여 순종하는 여자로서 '맡기다'를 뜻한다.

- 委員(위원) : 일정한 일을 맡도록 선출되거나 임명된 사람.
- 委任(위임) : 어떤 일을 책임 지워서 맡김.
- 委託(위탁) : 남에게 사물의 책임을 맡김.

員 인원 **원**   任 맡길 **임**   託 부탁할 **탁**

` ′ ⼆ 千 千 禾 秂 委 委 `

委							

훈 위엄 **음** 위
세력, 두려움, 해치다
女(계집 녀)부, ⑥ 9획

동 嚴 엄할 엄

회의자 도끼 월(戊)과 계집 녀(女).
도끼로 여자를 위협하는 것으로, '위엄, 세력'
을 뜻한다.

- 威力(위력) : 남을 위압하는 세력. 무서울 만큼 굉장히 큰 힘.
- 威勢(위세) : 남을 억누르는 기운. 위엄 있는 기세.
- 威嚴(위엄) : 공경하고 두려울 정도로 엄숙함.

力 힘 력   勢 형세 세   嚴 엄할 엄

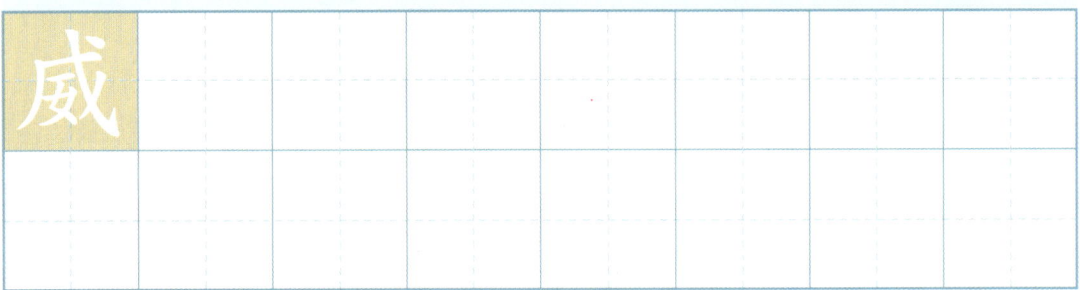

훈 위로할 **음** 위
달래다, 우울해지다
心(마음 심)부, ⑪ 15획

형성자
편안하게 할 위(尉)와 마음 심(心).
마음을 편안하게 하여, '위로하다'
를 뜻한다.

- 慰勞(위로) : 괴로움을 어루만져 잊게 함.
- 慰問(위문) : 불행한 사람이나 수고하는 사람들을 방문하고 위로함.
- 慰安(위안) : 위로하여 마음을 편안하게 함.

勞 일할 로   問 물을 문   安 편안 안

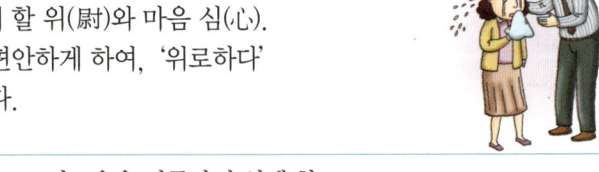

乳

훈 젖 **음** 유

젖먹이다, 기르다

乙(새 을)부, ⑦ 8획

회의자 기를 부(孚)와 새 을(乚·乙).
젖먹이로 하여금 젖을 향하게 하는 모양으로,
'젖'을 뜻한다.

- 乳母(유모) : 어머니를 대신하여 젖을 먹여 길러 주는 여자.
- 乳兒(유아) : 젖먹이.
- 授乳(수유) : 젖먹이에게 젖을 먹임.

母 어미 **모**   兒 아이 **아**   授 줄 **수**

丿 乛 乊 乊 孚 孚 乳

儒

훈 선비 **음** 유

유교, 대접하다

亻(사람인변)부, ⑭ 16획

동 士 선비 사

형성자 사람 인(亻·人)과 소용될 수(需).
세상에 소용되는 사람, 온화한 사람으로,
'선비'를 뜻한다.

- 儒敎(유교) : 공자(孔子)의 가르침이나 유학을 받드는 교. 儒學(유학).
- 儒林(유림) : 유교의 도(道)를 닦는 학자들.
- 儒生(유생) : 유학을 배우거나 유교를 닦는 선비.

敎 가르칠 **교**   孔 구멍 **공**   學 배울 **학**   林 수풀 **림**   生 날 **생**

丿 亻 亻 亻 伫 伫 俨 俨 儒 儒 儒 儒 儒 儒 儒

游

형성자 깃발 유(㫃)와 쉬엄쉬엄 갈 착(辶·辵).
깃발을 들고 다니며 노니는 것으로, '놀다, 놀이'를 뜻한다.

遊
훈 놀 음 유
놀이, 즐기다, 떠돌다
辶(책받침)부, ⑨ 13획

- 遊覽(유람) : 두루 돌아다니며 구경함.
- 遊牧(유목) : 거처를 정하지 않고 물과 목초를 찾아서 가축을 기름.
- 遊學(유학) : 고향을 떠나 객지에서 공부함.

覽 볼 람   牧 칠 목   學 배울 학

遺 殘 남을 잔

형성자 귀할 귀(貴)와 쉬엄쉬엄 갈 착(辶·辵).
길을 가다가 귀한 것을 떨어뜨리는 것으로, '남기다'를 뜻한다.

遺
훈 남길 음 유
끼치다, 보내다
辶(책받침)부, ⑫ 16획

- 遺物(유물) : (먼 조상들이) 남겨 놓은 물건. 遺品(유품).
- 遺産(유산) : 죽은 사람이 남겨 놓은 재산.
- 遺言(유언) : 죽음에 이르러서 부탁하여 남기는 말.

物 물건 물   品 물건 품   産 낳을 산   言 말씀 언

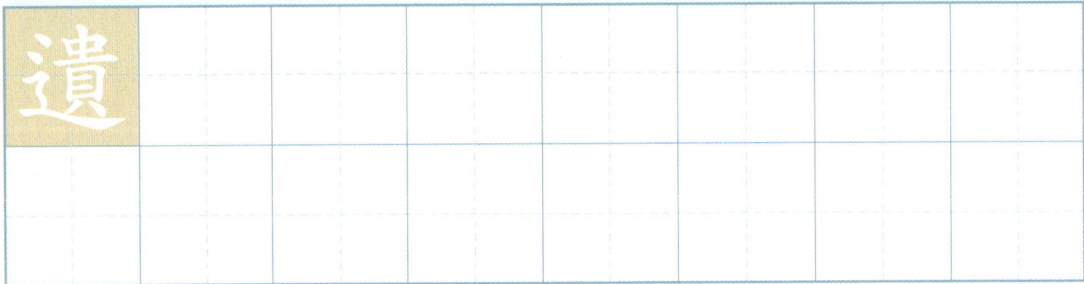

隱

훈 숨을 음 은

숨기다, 희미하다

阝(좌부방)부, ⑭ 17획

㉠ 隱 ㉥ 隐 ㉤ 現 나타날 현

형성자 언덕 부(阝·阜 : 벽)와 숨을 은(㥯).
언덕에 숨다, 숨겨진 곳으로, '숨다'를 뜻한다.

- 隱居(은거) : 세상을 피하여 삶. 또는 벼슬을 그만두고 한가로이 지냄.
- 隱忍自重(은인자중) : 마음속으로 참으며, 몸가짐을 신중히 함.
- 隱退(은퇴) : 관직 등에서 물러나 은거하여 한가로이 삶.

居 살 **거**　忍 참을 **인**　自 스스로 **자**　重 무거울 **중**　退 물러날 **퇴**

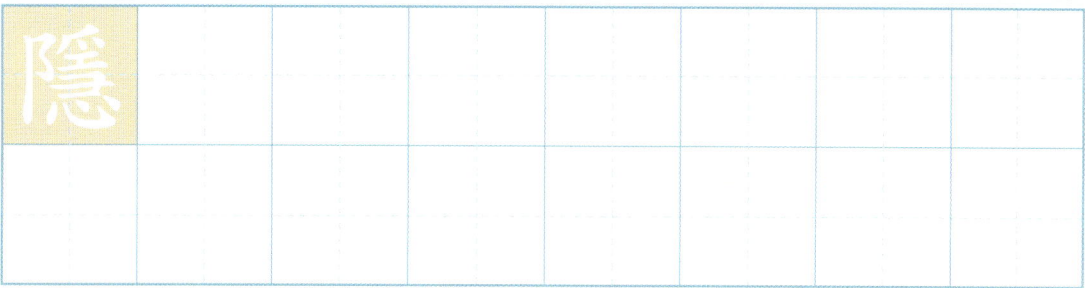

依

훈 의지할 음 의

기대하다, 의탁하다

亻(사람인변)부, ⑥ 8획

형성자
사람 인(亻·人)과 옷 의(衣).
사람이 옷을 입어 몸을 보호하는 것으로,
'의지하다'를 뜻한다.

- 依據(의거) : 어떤 사실을 근거로 함.
- 依存(의존) : 남에게 의지하여 있음.
- 依支(의지) : 어떤 것에 몸을 기댐. 또는 기댈 대상.

據 근거 **거**　存 있을 **존**　支 지탱할 **지**

儀

훈 거동　**음** 의

법도, 예식, 모형, 법

亻(사람인변)부, ⑬ 15획

仪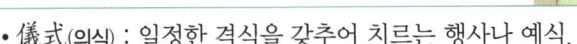

형성자 사람 인(亻·人)과 옳을 의(義).
올바른 사람의 행동을 가리키는 것으로, '거동, 법도'를 뜻한다.

- 儀式(의식) : 일정한 격식을 갖추어 치르는 행사나 예식.
- 儀容(의용) : 몸을 가지는 태도.
- 儀典(의전) : 의식에 의한 규범. 행사의 예법.

式 법 식　容 얼굴 용　典 법 전

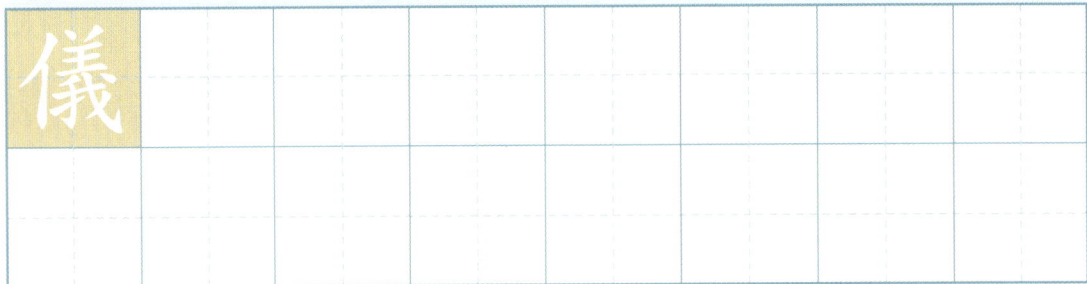

疑

훈 의심할　**음** 의

머뭇거리다, 두려워하다

疋(필 필)부, ⑨ 14획

상형자 갑골문에서 사람이 갈림길을 만나서 지팡이를 세우고 생각하며 서 있는 모양을 그렸다.

- 疑問(의문) : 의심스러운 일.
- 疑心(의심) : 믿지 못하는 마음이나 생각. 이상하게 여기는 생각.
- 疑惑(의혹) : 의심하여 수상히 여김. 또는 그 생각.

問 물을 문　心 마음 심　惑 미혹할 혹

異
훈 다를 음 이:
달리하다, 의심하다
田(밭 전)부, ⑥ 11획

간 䆃 반 同 한가지 동 동 差 다를 차

상형·회의자 사람이 두 손을 들어 귀신 가면을 둘러쓴 모양. 또는 사람이 물건을 머리에 이고 있는 모양으로, 각각 '다르다'를 뜻한다.

- 異常(이상) : 정상이 아닌 상태나 현상. 보통과는 다름.
- 同床異夢(동상이몽) : '같은 잠자리에서 다른 꿈을 꾼다'는 뜻으로, 겉으로는 같은 행동을 하면서도 속으로는 각각 다른 생각을 함.

常 떳떳할 상 同 한가지 동 床 상 상 夢 꿈 몽

丨 冂 曰 田 田 旦 囲 畀 畐 異 異

仁
훈 어질 음 인
어진 이, 동정
亻(사람인변)부, ② 4획

동 賢 어질 현

회의자 사람 인(亻·人)에 두 이(二). 두 사람이 짝지어 친하게 지내는 것으로, '어질다'를 뜻한다.

- 仁德(인덕) : 어진 덕.
- 仁愛(인애) : 어진 마음으로 남을 사랑함.
- 仁義禮智(인의예지) : 어질고 의롭고 예의를 지키며 지혜가 있음.

德 큰 덕 愛 사랑 애 義 옳을 의 禮 예도 례 智 슬기/지혜 지

丿 亻 亻 仁

105

姿

- 훈 모양 음 자 :
- 맵시, 태도, 모습
- 女(계집 녀)부, ⑥ 9획

동 態 모습 태 形 모양 형

형성자 차례 차(次 : 긴장을 풀다)와 계집 녀(女). 여자가 나란히 앉아서 몸매를 가꾸는 것으로, '모양, 맵시'를 뜻한다.

- 姿勢(자세) : 몸을 가지는 모양. 사물을 대할 때의 마음가짐이나 태도.
- 資質(자질) : 타고난 성품과 소질. 資質(자질).
- 姿態(자태) : 보기 좋은 몸가짐과 자태.

勢 형세 **세**   質 바탕 **질**   資 재물 **자**   態 모습 **태**

丶 冫 冫 氵 次 次 次 姿 姿

資

- 훈 재물 음 자
- 밑천, 자본, 천성
- 貝(조개 패)부, ⑥ 13획

준 資   동 財 재물 재 貨 재물 화

형성자 버금 차(次)와 조개 패(貝). 금전이나 물품을 차곡차곡 쌓아 나가는 것으로, '재물, 밑천'을 뜻한다.

- 資格(자격) : 일정한 신분·지위를 가지거나, 어떤 행동을 하는 데 필요한 조건.
- 資金(자금) : 사업을 경영하는 데 쓰이는 돈. 資本(자본).
- 資料(자료) : 연구나 조사 등의 바탕이 되는 재료.

格 격식 **격**   金 쇠 **금**, 성 **김**   本 근본 **본**   料 헤아릴 **료**

丶 冫 冫 氵 次 次 次 資 資 資 資 資 資

[제3회] 한자능력검정시험 4급 예상 문제

문 항 수 : 100문항
합격문항 : 70문항
제한시간 : 50분

1. 다음 밑줄 친 漢字語의 讀音을 쓰시오.(1~30)

1 달리기를 하다가 넘어져 무릎에 傷處를 입었다. [   ]

2 사물의 모양을 본떠 만든 글자를 象形 문자라 한다. [   ]

3 선수들은 경기 규칙을 지킬 것을 宣誓했다. [   ]

4 사물의 본질을 이루는 성질을 屬性이라 한다. [   ]

5 불경기로 장사가 안 되어 많은 損害를 보았다. [   ]

6 秀麗한 자연 경관에 우리는 탄성을 질렀다. [   ]

7 우리 집의 外叔은 모두 시골에 계신다. [   ]

8 추모식장에는 肅然한 분위기가 감돌았다. [   ]

9 崇高한 희생 정신 앞에 머리를 숙였다. [   ]

10 원시 사회에서 같은 조상을 가진 집단을 氏族 사회라 한다. [   ]

11 가족 사진을 額子에 넣어 벽에 걸었다. [   ]

12 정해진 樣式에 맞추어 기록하시오. [   ]

13 우리 학교는 규율이 매우 嚴格하다. [   ]

14 어려운 與件 속에서도 열심히 공부하였다. [   ]

15 동물들은 저마다 자기의 領域을 표시한다. [   ]

16 장보고는 활발한 해상 貿易을 펼쳤다. [   ]

17 기차가 정한 시각보다 1시간이나 延着되었다. [   ]

18 석가 탄신일을 맞이하여 燃燈 행렬이 시작되었다. [   ]

19 그 사람은 나와 아무런 緣故가 없다. [   ]

20 鉛筆은 흑연으로 된 심을 박아 만든 필기구이다. [   ]
21 흰 눈 쌓인 밤, 映窓에 걸린 달빛이 아름답구려. [   ]
22 몸을 튼튼하게 하기 위해서는 營養을 골고루 섭취해야 한다. [   ]
23 인기에만 迎合하지 말고 내실을 다지자! [   ]
24 나에게 좋은 일이 있을 것 같은 豫感이 들었다. [   ]
25 경험이 많은 분을 특별히 優待합니다. [   ]
26 우리는 한때 不遇한 시절이 있었다. [   ]
27 지난날 郵送한 편지는 잘 받아보셨는지요? [   ]
28 갑자기 생필품 가격이 올라 국민의 怨聲이 높다. [   ]
29 그는 危險을 무릅쓰고 물에 빠진 사람을 구했다. [   ]
30 이번 시험은 10쪽에서 30쪽 사이의 範圍에서 출제됩니다. [   ]

2. 다음 漢字의 訓과 音을 쓰시오. (31~55)

31 委 [   ]   32 乳 [   ]   33 隱 [   ]
34 依 [   ]   35 異 [   ]   36 姿 [   ]
37 傷 [   ]   38 舌 [   ]   39 損 [   ]
40 頌 [   ]   41 叔 [   ]   42 額 [   ]
43 嚴 [   ]   44 域 [   ]   45 延 [   ]
46 燃 [   ]   47 鉛 [   ]   48 營 [   ]
49 豫 [   ]   50 優 [   ]   51 援 [   ]
52 圍 [   ]   53 慰 [   ]   54 儒 [   ]
55 疑 [   ]

3. 다음 漢字語 중 첫 音節이 길게 發音되는 單語 셋을 골라 그 번호를 쓰시오. (56~58)

例	① 松林 ② 姿質 ③ 秀才 ④ 氏名
	⑤ 援助 ⑥ 宣言 ⑦ 損失 ⑧ 仁德

56 [   ]   57 [   ]   58 [   ]

4. 다음 漢字를 널리 쓰이는 略字로 고쳐 쓰시오. (59~61)

59 肅 [   ]   60 與 [   ]   61 圍 [   ]

5. 다음 漢字語의 뜻을 쓰시오. (62~64)

62 儒林 [   ]

63 遺産 [   ]

64 異常 [   ]

6. 다음 訓과 音으로 연결된 單語를 漢字로 쓰시오. (65~69)

例	나라 국 – 말씀 어 (國語)

65 어질 인 – 사랑 애   [   ]

66 맡길 위 – 맡길 임   [   ]

67 이마 액 – 셈 수   [   ]

68 베풀 선 – 전할 전   [   ]

69 위엄 위 – 형세 세   [   ]

7. 다음 漢字와 뜻이 같거나 비슷한 漢字를 [ ] 속에 적어 單語를 完成하시오.(70~74)

70 讚 [   ]   71 [   ] 高   72 [   ] 助

73 [   ] 財   74 形 [   ]

8. 다음 漢字와 뜻이 反對 또는 相對되는 漢字를 [ ] 속에 적으시오.(75~79)

75 同 ↔ [   ]   76 安 ↔ [   ]   77 [   ] ↔ 送

78 [   ] ↔ 受   79 燃 ↔ [   ]

9. 다음 漢字의 部首를 쓰시오.(80~82)

80 屬 [   ]   81 肅 [   ]   82 額 [   ]

10. 다음 빈 칸에 알맞은 漢字를 적어 四字成語를 完成하시오.(83~87)

83 伯仲(숙계)   [   ]

84 (엄동)雪寒   [   ]

85 (연목)求魚   [   ]

86 送舊(영신)   [   ]

87 隱忍(자중)   [   ]

11. 다음 單語의 同音異議語를 제시된 뜻에 맞추어 漢字로 쓰시오.(88~92)

88 自今 : 사업을 경영하는 데 쓰이는 돈.   [   ]

89 衣食 : 일정한 격식을 갖추어 치르는 행사나 예식.   [   ]

90 有毛 : 어머니를 대신하여 젖을 먹여 길러 주는 여자. [   ]

91 位老 : 괴로움을 어루만져 잊게 함.   [   ]

92 藝弱 : 어떤 권리를 얻기 위하여 미리 약속함.   [   ]

12. 다음 밑줄 친 單語를 漢字로 바꾸어 쓰시오. (93~97)

93 어머니의 병환으로 얼마나 상심이 크십니까?   [   ]

94 소나무 · 대나무 · 매화나무를 일컬어 송죽매라 한다.   [   ]

95 당신의 성공 여부는 노력 여하에 달려 있다.   [   ]

96 독도는 우리 땅, 우리 구역을 침범하지 말라.   [   ]

97 우리 팀은 연장전까지 가서 간신히 이겼다.   [   ]

13 다음 문장의 밑줄 친 ( ) 부분에 들어갈 알맞은 單語를 쓰시오. (98~100)

98 '易' 자는 '바꿀 역' 과 '쉬울 (   )' 의 뜻으로 쓰인다.

99 '識' 자는 ' (   ) 식' 과 '기록할 지' 로도 쓰인다.

100 '更' 자는 ' (   ) 경' 과 ' 다시 갱 ' 으로도 쓰인다.

제4장 盡善盡美(진선진미) 編

姉 殘 雜 壯 帳 張 腸 裝 獎 底

積 籍 績 賊 適 專 轉 錢 折 占

點 丁 整 靜 帝 條 潮 組 存 從

鍾 座 周 朱 酒 證 持 智 誌 織

珍 盡 陣 差 讚 採 册 泉 廳 聽

姉

- 훈 손윗누이 음 자
- 누이, 어머니
- 女(계집 녀)부, ⑤ 8획

반 妹 누이 매

형성자 계집 녀(女)와 초목이 무성할 시(市). 먼저 태어난 '손윗누이'를 뜻한다.
※ 姉는 姊의 속자이다.

- 姉妹(자매) : 손윗누이와 손아랫누이. 여자끼리의 언니와 아우.
- 姉母會(자모회) : 학교에서 어머니들로 구성된 모임.
- 姉兄(자형) : 손윗누이의 남편. 妹兄(매형).

妹 누이 매   母 어미 모   會 모일 회   兄 형 형

く 夕 女 女 女 妒 妒 姉 姉

殘

- 훈 남을 음 잔
- 잔인하다, 미워하다
- 歹(죽을사변)부, ⑧ 12획

간 残   약 残   동 餘 남을 여

형성자 뼈 앙상할 알(歹)과 상할 잔(㦮). 창(戈)으로 몸이 상해 뼈만 남은 것으로, '남다'를 뜻한다.

- 殘金(잔금) : 쓰고 남은 돈. 갚다가 덜 갚은 돈.
- 殘業(잔업) : 하다가 남은 작업. 근무 시간 외에 더 하는 작업.
- 殘忍(잔인) : 인정이 없고 몹시 모짊.

金 쇠 금, 성 김   業 업 업   忍 참을 인

一 丆 歹 歹 歹 戋 戋 殘 殘 殘 殘 殘

雜

훈 섞일　음 잡
어수선하다, 번거롭다
隹(새 추)부, ⑩ 18획

간 杂　약 雜　동 混 섞을 혼

형성자 본래는 옷 의(衣·衤)와 모일 집(集). 여러 가지 천으로 만든 옷의 빛깔 등이 다양한 것으로, '섞이다'를 뜻한다.

- 雜念(잡념) : 여러 가지 쓸데없는 생각.
- 雜談(잡담) : 쓸데없이 지껄이는 말.
- 雜音(잡음) : 뒤섞인 여러 가지 소리. 시끄러운 소리.

念 생각 념　談 말씀 담　音 소리 음

`丶 亠 宀 亠 亣 亣 立 夲 卒 杂 剎 剎 剎 雜 雜 雜 雜`

壯

훈 장할　음 장ː
씩씩하다, 굳세다, 젊다
士(선비 사)부, ④ 7획

간약 壯

형성자 나뭇조각 장(爿 : 길다)과 선비 사(士). 나무를 조각낼 수 있는 씩씩한 남자, '장하다, 씩씩하다'를 뜻한다.

- 壯觀(장관) : 굉장하고 볼 만한 광경. 훌륭한 일.
- 壯談(장담) : 확신을 가지고 자신 있게 말함.
- 壯士(장사) : 힘이 아주 센 사람.

觀 볼 관　談 말씀 담　士 선비 사

`丨 丬 爿 爿 丬- 壯 壯`

帳

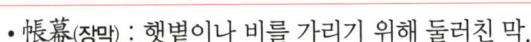

- 훈 장막 음 장
- 휘장, 천막, 장부
- 巾(수건 건)부, ⑧ 11획

간 帳

형성자 수건 건(巾)과 긴 장(長).
천을 길게 둘러친, '장막, 휘장'을 뜻한다.

- 帳幕(장막) : 햇볕이나 비를 가리기 위해 둘러친 막.
- 日記帳(일기장) : 날마다 일어나는 일이나 감상을 적는 책.
- 揮帳(휘장) : 넓은 천으로 만들어 주위를 빙 둘러치는 막.

幕 장막 막   記 기록할 기   揮 휘두를 휘

張

- 훈 베풀 음 장
- 당기다, 벌리다
- 弓(활 궁)부, ⑧ 11획

간 張   종 施 베풀 시   宣 베풀 선

형성자 활 궁(弓)과 긴 장(長).
활시위를 길게 당겨 팽팽하게 하는 것으로,
'베풀다, 당기다'를 뜻한다.

- 張本人(장본인) : 어떠한 일을 빚어낸 그 사람.
- 張三李四(장삼이사) : 장씨의 셋째, 이씨의 넷째 아들로 평범한 사람.
- 主張(주장) : 자기의 학설이나 의견 등을 굳이 내세움.

本 근본 본   人 사람 인   李 오얏/성 리   主 임금/주인 주

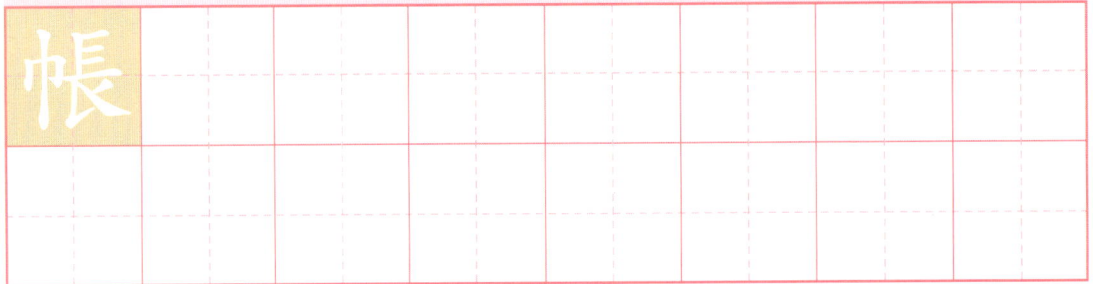

腸

- 훈 창자 음 장
- 마음, 기질
- 月(육달월)부, ⑨ 13획

㉠ 肠

형성자 몸 육(月·肉)과 빛날 양(昜 : 발돋움하다). 늘어나는 대장과 소장, '창자'를 뜻한다.

- 斷腸(단장) : 창자가 끊어질 듯한 슬픔을 일컬음.
- 羊腸(양장) : 양의 창자. 꼬불꼬불한 길.
- 胃腸(위장) : 위와 창자.

斷 끊을 **단**   羊 양 **양**   胃 밥통 **위**

丿 丨 月 月 月' 月" 月" 胛 胛 腭 腭 腸 腸

裝

- 훈 꾸밀 음 장
- 차리다, 장식품
- 衣(옷 의)부, ⑦ 13획

간약 装   동 飾 꾸밀 식

형성자 장정 장(壯)과 옷 의(衣). 젊고 건장하게 몸매를 갖추는 것으로, '꾸미다'를 뜻한다.

- 裝甲(장갑) : 투구와 갑옷을 갖추어 차림.
- 裝備(장비) : 일정한 장치와 설비를 갖추어 차림.
- 裝置(장치) : 기계나 설비 등을 설치함. 또는 그 설치한 물건.

甲 갑옷 **갑**   備 갖출 **비**   置 둘 **치**

丨 丬 丬 爿 壯 壯 壯 壯 裝 裝 裝 裝 裝

獎

훈 장려할 **음** 장(:)

권면하다, 칭찬, 돕다

大(큰 대)부, ⑪ 14획

간 奬 **약** 奖

형성자 장차 장(將)과 큰 대(大).
장차 큰 인물이 되라고 권면하는 것으로
'장려하다'를 뜻한다.

- 獎勸(장권) : 어떤 일을 하도록 권하거나 북돋아 줌. 勸獎(권장).
- 獎學(장학) : 학문을 장려함. 학문 연구를 북돋아 줌.
- 獎學生(장학생) : 장학금을 받는 학생.

勸 권할 **권**   學 배울 **학**   生 날 **생**

丨 丬 爿 爿 爿 𤉩 𤉭 𤉱 將 將 㢡 獎 獎

底

훈 밑 **음** 저:

바닥, 멈추다, 막히다

广(엄호)부, ⑤ 8획

반 高 높을 고

형성자 돌집 엄(广)과 낮을 저(氐 : 바닥).
돌바위 아래 낮은 곳이라는 데서 '밑, 바닥'을
뜻한다.

- 底力(저력) : 마음속에 지닌 끈기 있는 힘.
- 底邊(저변) : 밑변. 사회적·경제적으로 기저를 이루는 계층.
- 底意(저의) : 겉에 드러나지 않고 속에 품고 있는 뜻.

力 힘 **력**   邊 가 **변**   意 뜻 **의**

丶 一 广 广 庐 庐 底 底

積

훈 쌓을　**음** 적

모으다, 저축

禾(벼 화)부, ⑪ 16획

🈯 积　🈺 貯 쌓을 저　蓄 쌓을 축

형성자 벼 화(禾)와 맡을 책(責).
추수한 농작물을 구해 모으는 것으로,
'쌓다, 모으다'를 뜻한다.

- 積極(적극) : 어떤 일을 하는 데에 능동적이거나 활동적임.
- 積金(적금) : 돈을 모아 둠. 또는 그 돈. 은행 저금의 한 가지.
- 積立(적립) : 모아서 쌓아 둠.

極 다할/극진할 극　金 쇠 금, 성 김　立 설 립

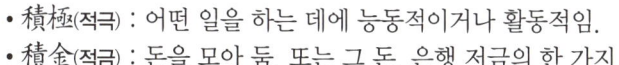

籍

훈 문서　**음** 적

서적, 장부, 명부

竹(대 죽)부, ⑭ 20획

🈺 書 글 서

형성자 대 죽(竹)과 깔개 적(耤).
대를 깔개처럼 엮어 짠 대쪽으로, '문서, 서적'
을 뜻한다.

- 國籍(국적) : 국가의 구성원으로서의 자격과 신분.
- 書籍(서적) : 여러 가지 책과 자료.
- 學籍(학적) : 교육 관리상 필요한, 학생에 관한 기록.

國 나라 국　書 글 서　學 배울 학

績

훈 길쌈 음 적

잣다, 잇다, 이루다

糸(실 사)부, ⑪ 17획

가 績

형성자 실 사(糸)와 맏을 책(責).
실로 천을 짠다는 뜻과 어떤 일을 오래하여
'공'을 이루는 것을 뜻한다.

- 功績(공적) : 쌓은 공로. 수고한 실적.
- 紡績(방적) : 동식물의 섬유를 가공하여 실을 뽑는 일.
- 成績(성적) : 어떤 일을 한 뒤에 나타난 결과. 시험의 결과.

功 칠 **공** 紡 길쌈 **방** 成 이룰 **성**

` ㄥ ㄠ 幺 糸 糸 糸  糸一 糸= 紀 紏 績 績 績 績 績`

賊

훈 도둑 음 적

훔치다, 역적, 해치다

貝(조개 패)부, ⑥ 13획

가 賊   동 盜 도둑 도

형성자 조개 패(貝)와 병장기 융(戎).
흉기를 가지고 재물을 훔치는 것으로,
'도둑'을 뜻한다.

- 賊徒(적도) : 도둑의 무리.
- 賊反荷杖(적반하장) : 도둑이 매를 드는 것으로, 잘못한 자가 도리어 나무람.
- 國賊(국적) : 나라를 망치거나 어지럽힌 역적.

徒 무리 **도** 反 돌이킬/돌아올 **반** 荷 멜 **하** 杖 지팡이 **장** 國 나라 **국**

`丨 冂 冂 月 目 貝 貝 貝 貯 貯 賊 賊 賊`

適

훈 맞을 음 적

알맞다, 마땅하다

辶(책받침)부, ⑪ 15획

간 适

형성자 쉬엄쉬엄 갈 착(辶·辵)과 꼭지 적(啇).
일이 목적으로 하는 한 점에 알맞은 것으로,
'맞다, 만나다'를 뜻한다.

• 適格(적격) : 알맞게 자격이 갖추어져 있음.
• 適當(적당) : 어떤 성질이나 상태 따위에 꼭 알맞고 마땅함.
• 適應(적응) : 어떤 상황이나 환경에 익숙해지거나 알맞게 변함.

格 격식 격　當 마땅 당　應 응할 응

專

훈 오로지 음 전

마음대로, 홀로

寸(마디 촌)부, ⑧ 11획

회의자
물레 전(叀)과 규칙 촌(寸).
실을 감는 물레는 규칙적으로 돌아가는
것으로, '오로지'를 뜻한다.

• 專決(전결) : 결정권자가 마음대로 결정하고 처리함.
• 專攻(전공) : 한 가지 일을 전문적으로 연구함.
• 專念(전념) : 오로지 한 가지 일에만 마음을 씀.

決 결단할 결　攻 칠 공　念 생각 념

轉

- 훈 구를 음 전:
- 옮기다, 돌다, 넘어지다
- 車(수레 거)부, ⑪ 18획

- 간 转 약 転 동 移 옮길 이

형성자 수레 거(車)와 실패 전(專). 수레바퀴가 둥글게 돌아가는 것으로, '구르다, 돌다'를 뜻한다.

- 轉移(전이) : 자리를 옮김. 악성 종양 등이 다른 조직에 옮아감.
- 轉出(전출) : 다른 곳으로 이주하여 감.
- 回轉(회전) : 빙빙 돎. 한 물체가 일정하게 움직임.

移 옮길 이   出 날 출   回 돌아올 회

一 厂 币 百 亘 車 車 軒 軒 軒 軒 軸 轉 轉 轉 轉 轉

錢

- 훈 돈 음 전:
- 안주, 가래, 무게 단위
- 金(쇠 금)부, ⑧ 16획

- 간 钱 약 銭

형성자 쇠 금(金)과 해칠 잔(戔). 쇠를 얇게 깎아 날을 만든 '가래'를 뜻하거나, 금속제를 깎아 만든 옛날의 '돈'을 뜻한다.

- 錢穀(전곡) : 돈과 곡식. 재물의 총칭.
- 錢主(전주) : 밑천을 대어 주는 사람. 빚을 준 사람.
- 金錢(금전) : 돈. 화폐. 쇠붙이로 만든 돈.

穀 곡식 곡   主 임금/주인 주   金 쇠 금, 성 김

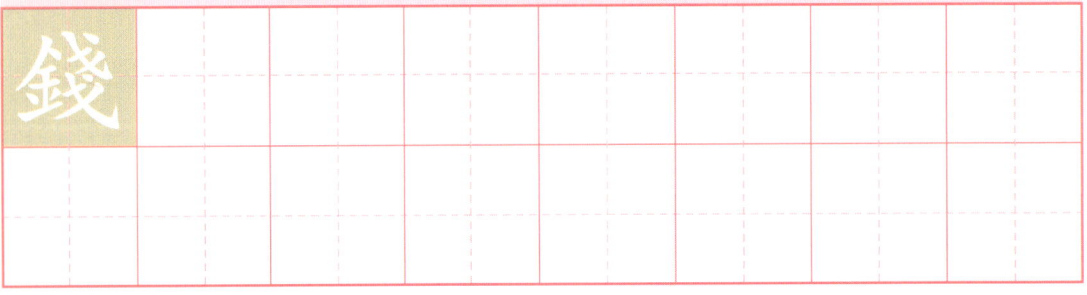

折

훈 꺾을 **음** 절

굽히다, 쪼개다

扌(재방변)부, ④ 7획

동 曲 굽을 곡　屈 굽힐 굴

회의자 손 수(手·扌)와 도끼날 근(斤). 도끼로 나무를 찍어 꺾는 것으로, '꺾다, 굽히다'를 뜻한다.

- 折半(절반) : 하나를 둘로 똑같이 나눔. 하나를 가른 반.
- 骨折(골절) : 뼈가 부러짐.
- 百折不屈(백절불굴) : 백 번(수없이) 꺾여도 굴하지 않음.

半 반 **반**　骨 뼈 **골**　百 일백 **백**　不 아닐 **불·부**　屈 굽힐 **굴**

一　十　扌　扌　扩　折　折

占

훈 점령할 **음** 점:
훈 점칠 **음** 점

점, 차지하다

卜(점 복)부, ③ 5획

동 卜 점 복

회의자 점 복(卜)과 입 구(口). 점괘를 보고 길흉을 말하는 것으로, '점치다, 차지하다'를 뜻한다.

- 占領(점령) : 일정한 땅이나 대상을 차지하여 자기 것으로 함.
- 占卜(점복) : 점을 쳐서 길흉을 미리 짐작하는 일.
- 占星(점성) : 별의 모양을 보고 길흉을 점치는 일.

領 거느릴 **령**　卜 점 **복**　星 별 **성**

丨　卜　卜　占　占

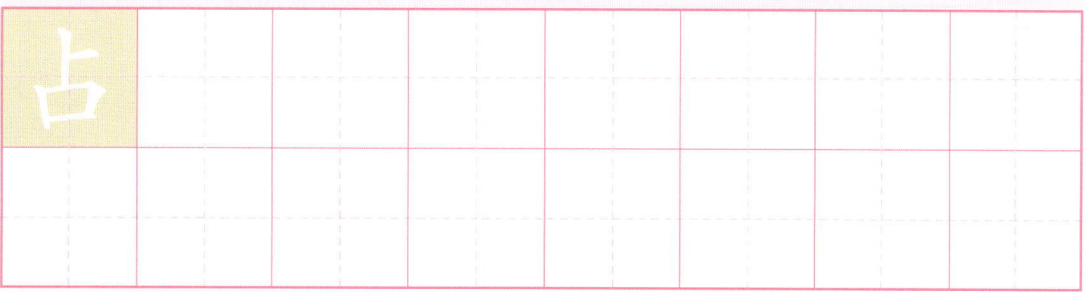

點

간약 点

형성자 검을 흑(黑)과 차지할 점(占).
검은 점을 찍는다는 것으로, '점, 점찍다'를 뜻한다.

훈 점 음 점(:)

점찍다, 흠, 그리다

黑(검을 흑)부, ⑤ 17획

- 點檢(점검) : 일일이 검사함.
- 點數(점수) : 성적을 나타내는 숫자.
- 點火(점화) : 불을 붙임. 등불을 켬.

檢 검사할 검   數 셈 수   火 불 화

丨 冂 冃 冎 冏 甲 里 黒 黒 黒 黒 點 點 點 點

丁

상형자 고무래 모양. 또는 못(압정)의 모양을 본뜬 글자로, '장정, 일꾼'을 뜻한다(고무래 정은 속칭임).

훈 고무래/장정 음 정

넷째 천간, 성씨

一(한 일)부, ① 2획

- 丁年(정년) : 남자의 나이가 만 20세임을 가리킴.
- 白丁(백정) : 소나 돼지 따위를 잡는 일을 업으로 하던 사람.
- 壯丁(장정) : 성년에 이른 혈기 왕성한 남자. 징병 적령자인 남자.

年 해 년   白 흰 백   壯 장할 장

一 丁

整

훈 가지런할 **음** 정:
정돈함, 금액을 마감함
攵(등글월문)부, ⑫ 16획

동 齊 가지런할 제

형성자 묶을 속(束)과 칠 복(攵·攴), 바를 정(正).
묶거나 치거나 하여 바르게 정돈하는 것으로,
'가지런하다'를 뜻한다.

- 整列(정렬) : 가지런하게 줄을 맞추어 늘어섬.
- 整理(정리) : 흐트러지거나 어수선한 것을 바로잡아 다스림.
- 整備(정비) : 정돈하여 갖춤. 흐트러진 조직이나 제도 등을 바로잡음.

列 벌일 **렬**   理 다스릴 **리**   備 갖출 **비**

一 ｢ 匚 束 束 束 敕 敕 敕 敕 敕 整 整 整

靜

훈 고요할 **음** 정
맑다, 정밀하다
青(푸를 청)부, ⑧ 16획

간약 静   **반** 動 움직일 동   **동** 肅 엄숙할 숙

형성자 푸를 청(青)과 다툴 쟁(爭).
다툼이 맑게 끝나 조용해진 것으로, '고요하다'
를 뜻한다.

- 靜物(정물) : 정지하여 움직이지 않는 물건.
- 靜肅(정숙) : 고요하고 엄숙함. 태도가 바르고 조용함.
- 靜聽(정청) : 조용히 들음.

物 물건 **물**   肅 엄숙할 **숙**   聽 들을 **청**

一 = 主 丰 青 青 青 青 青 靑 靜 靜 靜 靜 靜

帝

훈 임금　**음** 제:

황제, 천자, 하느님, 크다

巾(수건 건)부, ⑥ 9획

동 王 임금 왕　主 임금/주인 주　皇 임금 황

상형자 신을 모시는 대(臺)의 모양을 본뜬 글자로, 천하를 다스리는 '임금'을 뜻한다.

- 帝國(제국): 제왕이나 황제가 다스리는 나라.
- 帝王(제왕): 황제와 국왕을 통틀어 이름.
- 帝位(제위): 황제의 지위. 제왕의 자리.

國 나라 국　王 임금 왕　位 자리 위

丶 亠 亠 亠 产 产 产 帝 帝

條

훈 가지　**음** 조

나뭇가지, 곁가지, 조목

木(나무 목)부, ⑦ 11획

간약 条

형성자 대롱거릴 유(攸)와 나무 목(木). 흔들리는 나뭇가지를 가리키며, 그 나뭇가지가 갈라진 것을 뜻한다.

- 條件(조건): 어떤 일을 이루기 위해 갖추어야 하는 것.
- 條目(조목): 하나하나 따져서 벌인 일의 가닥.
- 條約(조약): 나라 사이의 합의에 따라 약속한 서로의 권리나 의무.

件 사건 건　目 눈 목　約 맺을 약

丿 亻 亻 亻 伀 伀 攸 攸 悠 條 條

潮

훈 조수/밀물　**음** 조

흘러들다, 습기

氵(삼수변)부, ⑫ 15획

형성자
물 수(氵·水)와 아침 조(朝).
바닷물이 아침저녁으로 달로 인해 들어왔다 나갔다 하는 것으로, '조수, 밀물'을 뜻한다.

- 潮流(조류) : 밀물과 썰물로 말미암아 일어나는 바닷물의 흐름.
- 潮水(조수) : 주기적으로 밀물과 썰물의 현상을 이루는 바닷물.
- 風潮(풍조) : 바람과 조수. 세상이 되어 가는 추세.

流 흐를 류　水 물 수　風 바람 풍

丶 丶 氵 氵 氵 氵 汀 沽 泸 泸 淖 淖 潮 潮 潮

潮							

組

훈 짤　**음** 조

끈, 꿰매다, 짝이 되다

糸(실 사)부, ⑤ 11획

간 组　**중** 織 짤 직

형성자 실 사(糸)와 많을 저(且).
실을 겹쳐 포개어 끈을 엮는 것으로, '짜다'를 뜻한다.

- 組成(조성) : 짜 맞추어 이룸. 조직하여 성립시킴.
- 組織(조직) : 일정한 지위와 역할을 지닌 사람이나 물건의 집합체.
- 組合(조합) : 여럿을 모아 합하여 한 덩어리가 되게 함.

成 이룰 성　織 짤 직　合 합할 합

丿 幺 幺 幺 糸 糸 糽 紆 組 組 組

組							

存

훈 있을 **음** 존

생존하다, 보존하다

子(아들 자)부, ③ 6획

반 亡 망할 망　**동** 有 있을 유　在 있을 재

형성자 있을 재(才·在)와 아들 자(子). 어린아이를 그대로 편안히 잘있게 하는 것으로, '있다, 생존하다'를 뜻한다.

- 存立(존립) : 국가나 단체·제도 등이 망하거나 없어지지 않고 존재함.
- 存續(존속) : 없어지지 않고 그대로 이어져 계속함.
- 存在(존재) : 실제로 있음. 또는 그 사물이나 사람.

立 설 립　續 이을 속　在 있을 재

一 ナ 才 疒 存 存

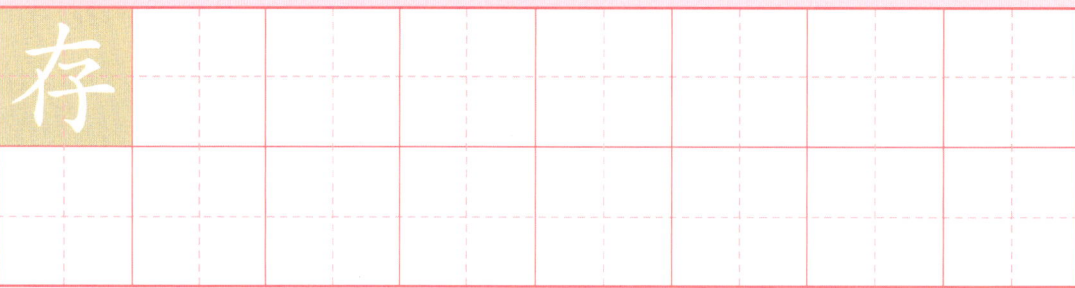

從

훈 좇을 **음** 종(ː)

복종하다, 본받다, 따르다

彳(두인변)부, ⑧ 11획

간 从　**약** 従　**반** 主 주인 주

형성자 조금 걸을 척(彳)과 뒤좇을 종(从). 앞사람의 뒤를 따르는 것으로, '좇다'를 뜻한다.

- 從來(종래) : 지금까지 내려온 그대로. 이전부터 지금까지의 동안.
- 從事(종사) : 어떤 일에 마음과 힘을 다함.
- 服從(복종) : 남의 명령이나 의사에 따름.

來 올 래　事 일 사　服 옷 복

' ⼻ 彳 彳' 彳'' 彳''' 彳''' 徉 徔 從 從

鍾

훈 쇠북　음 종
종, 시계, 술병

金(쇠 금)부, ⑨ 17획

간 锺　※ 鐘(종)과 같은 자

형성자　쇠 금(金)과 무거울 중(重).
금속제의 무거운 술잔을 뜻하나 鐘(종)과 같이 쓰이어 '쇠북, 종'을 뜻한다.

- 鍾閣(종각) : 큰 종을 매달아 두기 위해 지은 누각.
- 警鍾(경종) : 사회에서 잘못되는 일에 대한 경고나 충고.
- 自鳴鍾(자명종) : 정해진 시간을 알려주는 장치가 있는 시계.

閣 집 각　警 깨우칠 경　自 스스로 자　鳴 울 명

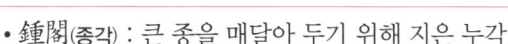

鍾							

座

훈 자리　음 좌:
깔개, 지위, 별자리

广(엄호)부, ⑦ 10획

통 席 자리 석

형성자　집 엄(广)과 앉을 좌(坐).
집 안에 마주 보고 앉아 있는 사람으로, '자리, 깔개'를 뜻한다.

- 座談(좌담) : 한 자리에 마주앉아 나누는 이야기.
- 座席(좌석) : 앉는 자리. 여러 사람이 모인 자리.
- 座右銘(좌우명) : 늘 가까이 적어 두고 일상의 경계로 삼는 말이나 글.

談 말씀 담　席 자리 석　右 오를/오른 우　銘 새길 명

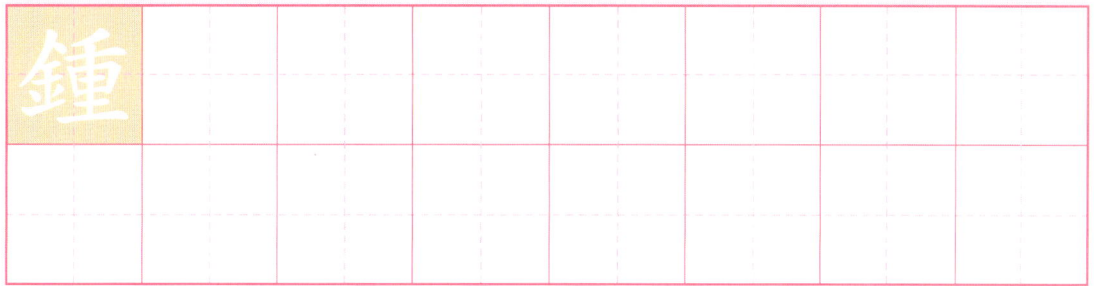

座							

周

훈 두루 **음** 주

널리, 골고루, 둘레

口(입 구)부, ⑤ 8획

동 圍 에워쌀 위

회의자 쓸 용(用)과 입 구(口). 갑골문에는 네모 상자 또는, 종에 무늬가 온통 새겨져 있다. 입을 잘 써 할말을 다하는 것으로 '두루'를 뜻한다.

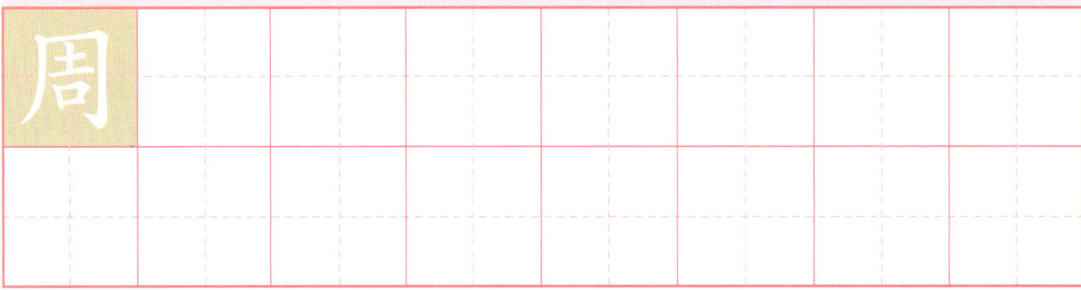

- 周忌(주기) : 죽은 뒤, 해마다 돌아오는 그 죽은 날.
- 周到(주도) : 주의가 두루 미쳐 실수가 없음.
- 周圍(주위) : 둘레. 어떤 사람이나 사물을 둘러싸고 있는 환경.

忌 꺼릴 **기**　到 이를 **도**　圍 에워쌀 **위**

ノ 几 凡 円 用 周 周 周

朱

훈 붉을 **음** 주

연지, 성씨

木(나무 목)부, ② 6획

동 赤 붉을 적　紅 붉을 홍

지사자 아닐 미(未)에 삐칠 별(ノ). 나무의 베어낸 속이 붉은 것을 뜻한다.

- 朱記(주기) : 중요한 부분을 붉은 글씨로 드러나게 기록하거나 표시함.
- 朱色(주색) : 노랑색이 조금 섞인 붉은 빛깔. 붉은색.
- 印朱(인주) : 도장 찍는 데 쓰는 붉은빛의 재료.

記 기록할 **기**　色 빛 **색**　印 도장 **인**

ノ ᅩ 二 牛 牛 朱

酒
훈 술 **음** 주(:)
물, 주연(酒宴)
酉(닭 유)부, ③ 10획

상형자 물 수(氵·水)와 닭 유(酉).
본래 술그릇(酉)를 본떴으나 뒤에 물(氵·水)을 덧붙여 '술'을 뜻한다.

- 酒客(주객) : 술을 좋아하는 사람. 술꾼.
- 酒量(주량) : 마시고 견디어 낼 만한 술의 양.
- 酒池肉林(주지육림) : 술과 고기가 푸짐하게 차려진 술잔치.

客 손 **객**　量 헤아릴 **량**　池 못 **지**　肉 고기 **육**　林 수풀 **림**

` ⼀ 氵 氵 沪 沔 沔 洒 洒 酒 酒

證
훈 증거 **음** 증
증명하다, 밝히다
言(말씀 언)부, ⑫ 19획

간 证　**약** 証

형성자 말씀 언(言)과 오를 등(登).
말을 늘리어 밝게 하는 것으로, '증거, 증명하다'를 뜻한다.

- 證據(증거) : 사실을 증명할 만한 근거나 표적.
- 證明(증명) : 어떤 사실이나 결론이 참인지 아닌지를 밝히는 일.
- 證人(증인) : 어떤 사실을 증명하는 사람.

據 근거 **거**　明 밝을 **명**　人 사람 **인**

` ⼀ ⼆ 宀 言 言 言 言 言 言 訁 訁 訟 證 證 證 證 證 證

持

훈 가질 **음** 지

지니다, 보전하다

扌(재방변)부, ⑥ 9획

형성자
손 수(扌·手)와 관청 시(寺 : 멈춰 서다). 손안에 머물러 두는 것으로, '가지다'를 뜻한다.

- 持久力(지구력) : 오래 버티어 내는 힘. 오래 끄는 힘.
- 持病(지병) : 잘 낫지 않아 늘 앓으면서 고통을 당하는 병.
- 持續(지속) : 같은 상태가 오래 계속됨.

久 오랠 **구**   力 힘 **력**   病 병 **병**   續 이을 **속**

一 十 扌 扌 扌 拌 拌 持 持

智

훈 지혜/슬기 **음** 지

슬기롭다, 알다

日(날 일)부, ⑧ 12획

동 慧 슬기로울 혜

회의자 알 지(知)와 날 일(日).
대낮과 같이 사리를 밝게 아는 것으로, '지혜, 슬기'를 뜻한다.

- 智略(지략) : 슬기로운 계략.
- 智力(지력) : 슬기의 힘. 사물을 헤아리는 능력.
- 智慧(지혜) : 사리를 분별하는 마음의 작용. 슬기.

略 간략할/약할 **략**   力 힘 **력**   慧 슬기로울 **혜**

丿 匕 午 矢 矢 知 知 知 智 智 智

誌

훈 기록할 **음** 지

적어 두다, 기억하다

言(말씀 언)부, ⑦ 14획

- 간 誌
- 통 記 기록할 기 錄 기록할 록

형성자 말씀 언(言)과 기록할 지(志 : 뜻).
마음이 움직여 말한 것을 적어 두는 것으로,
'기록하다'를 뜻한다.

- 誌面(지면) : 잡지의 내용이 실린 종이의 면.
- 日誌(일지) : 그날그날의 직무상의 기록을 적은 책.
- 雜誌(잡지) : 여러 가지 내용의 기사와 글을 모아 정기적으로 내는 책.

面 낯 **면**   日 날 **일**   雜 섞일 **잡**

`丶 亠 𠂉 言 言 言 計 訁 訁 誌 誌 誌`

織

훈 짤 **음** 직

베를 짬, 만들다, 직물

糸(실 사)부, ⑫ 18획

- 간 织
- 통 組 짤 조

형성자 실 사(糸)와 소리 음(音), 창 과(戈).
창날이 마주치듯이 바디소리를 내면서
실로 베짜는 것을 뜻한다.

- 織機(직기) : 날을 걸어 피륙을 짜는 기계.
- 織造(직조) : 천 따위를 기계로 짜는 일.
- 組織(조직) : 얽어서 만듦. 여럿이 모여 같은 기능과 구성을 이룸.

機 틀 **기**   造 지을 **조**   組 짤 **조**

`丿 𠂊 幺 幺 糸 糸 糸 紂 紤 織 織 織 織 織 織 織 織 織`

珍

훈 보배 **음** 진

진귀하다, 맛있다

王(구슬 옥)부, ⑤ 9획

약 珎 **동** 寶 보배 보

형성자 구슬 옥(王·玉)과 사람 인(人), 터럭 삼(彡). 섬세하고 아름다운 구슬로, '보배, 진귀하다'를 뜻한다.

- 珍貴(진귀) : 보배롭고 귀중함. 드물어서 값이 매우 비쌈.
- 珍味(진미) : 음식의 참맛.
- 珍羞盛饌(진수성찬) : 맛이 좋고 푸짐하게 차린 음식.

貴 귀할 **귀**   味 맛 **미**   羞 부끄러울 **수**   盛 성할 **성**   饌 반찬 **찬**

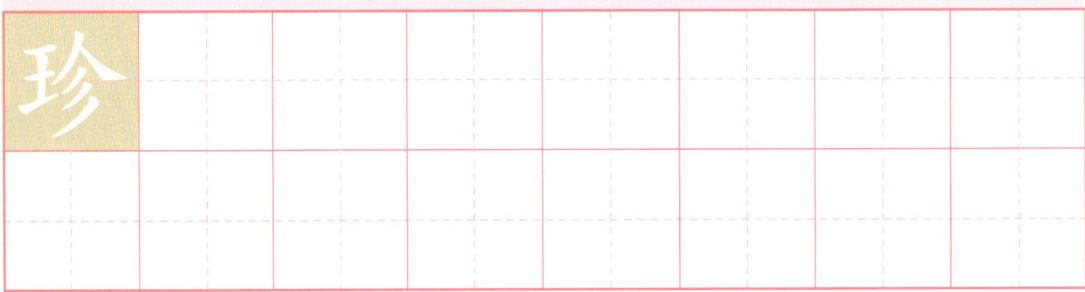

一 二 𪴩 王 𤣩 玗 玪 珍 珍

盡

훈 다할 **음** 진:

정성, 정성을 다함

皿(그릇 명)부, ⑨ 14획

간약 尽 **동** 極 다할 극 窮 다할 궁

회의자 붓 율(聿)과 불 화(灬), 그릇 명(皿). 그릇 속을 솔로 털어서 비우는 것으로, '다하다, 정성'을 뜻한다.

- 盡善盡美(진선진미) : 더할 수 없이 착하고 아름다움.
- 盡人事待天命(진인사대천명) : 할 수 있는 최선을 다하고 천명에 맡김.
- 賣盡(매진) : 상품이 모두 팔림.

善 착할 **선**   美 아름다울 **미**   事 일 **사**   待 기다릴 **대**   命 목숨 **명**   賣 팔 **매**

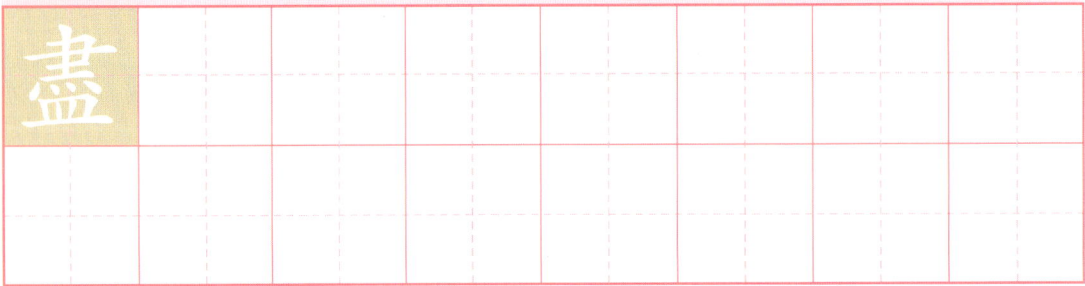

一 그 ⺕ 肀 聿 聿 肂 肃 肃 盡 盡 盡 盡 盡

陣

훈 진칠 **음** 진

줄, 열(列), 싸움

阝(좌부방)부, ⑦ 10획

㉠ 陣

형성자 언덕 부(阝·阜)와 수레 거(車). 언덕에 의지하여 수레를 세워 진치는 것을 뜻한다.

- 陣頭(진두) : 진열의 선두. 선봉. 일의 맨 앞.
- 陣營(진영) : 군사가 집결하고 있는 곳. 각 대립의 세력.
- 陣容(진용) : 진세의 형태나 상태. 단체나 집단 구성원의 짜임새.

頭 머리 **두**   營 경영할 **영**   容 얼굴 **용**

`,阝阝阝阝阳阳陌陌陣陣`

差

훈 다를 **음** 차

잘못, 어그러지다

工(장인 공)부, ⑦ 10획

㊌ 異 다를 이   別 다를/나눌 별

형성자 늘어질 수(朿·垂의 획 줄임)와 왼 좌(左). 식물이 좌우로 늘어져 있으나 그 길이가 어그러진 것으로, '다르다'를 뜻한다.

- 差度(차도) : 병이 조금씩 낫는 것. 또는 그 정도.
- 差別(차별) : 차가 있게 구별함.
- 差異(차이) : 서로 같지 않고 다름.

度 법도 **도**, 헤아릴 **탁**   別 다를/나눌 **별**   異 다를 **이**

`、'ソ꾸꾸羊羊差差差`

讚

훈 기릴 **음** 찬:

칭찬함, 밝히다, 적다

言(말씀 언)부, ⑲ 26획

- 간 赞   약 讃   동 頌 기릴/칭송할 송

형성자 말씀 언(言)과 도울 찬(贊). 말로 잘 되도록 돕는다는 것으로, '기리다, 칭찬하다'를 뜻한다.

- 讚美(찬미) : 아름다운 덕을 기림. 기리어 칭송함.
- 讚辭(찬사) : 업적 등을 칭찬하는 말이나 글.
- 讚頌(찬송) : 훌륭한 덕을 기림.

美 아름다울 **미**   辭 말씀 **사**   頌 기릴/칭송할 **송**

採

훈 캘 **음** 채:

파내다, 가리다

扌(재방변)부, ⑧ 11획

- 간 采   동 擇 가릴 택

형성자 손 수(扌·手)와 캘 채(采 : 과일을 따다). 손으로 풀뿌리나 나뭇잎을 뽑거나 뜯는 것으로, '캐다, 가리다'를 뜻한다.

- 採光(채광) : 햇빛을 받아들여 실내를 밝게 함.
- 採用(채용) : 사람을 뽑아 씀. 무엇을 가려 쓰거나 받아들임.
- 採取(채취) : 자연물을 베거나 뜯거나 캐거나 하여 거두어들임.

光 빛 **광**   用 쓸 **용**   取 가질 **취**

一 十 扌 扌 扩 扩 护 抨 採 採 採

훈 책 음 책

칙서, 권, 계책

冂(멀경몸)부, ③ 5획

동 書 글 서 籍 문서 적

상형자 대쪽을 엮어 맨 책의 모양을 본뜬 글자. 세로획은 죽간을 표시하고 가로획은 끈을 나타낸다.

- 冊房(책방) : 책을 파는 가게. 서점.
- 冊床(책상) : 책을 읽거나 글씨를 쓰는 데 쓰는 상.
- 冊張(책장) : 책을 이루는 낱낱의 종이.

房 방 **방**   床 상 **상**   張 베풀 **장**

ノ 冂 冂 冊 冊

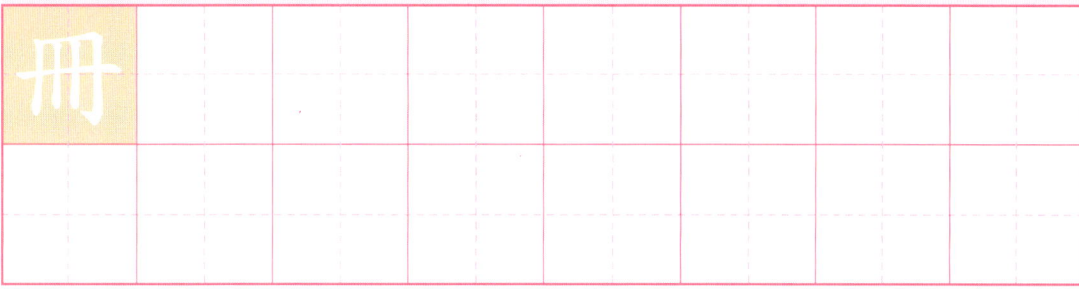

훈 샘 음 천

근원, 돈, 저승

水(물 수)부, ⑤ 9획

동 井 우물 정

상형자 흰 백(白)과 물 수(水). 옹달샘에 물이 넘쳐흐르는 모양을 본떠, '샘, 물이 솟아 나오는 근원'을 뜻한다.

- 泉脈(천맥) : 땅 속에 있는 샘 줄기.
- 溫泉(온천) : 더운 물이 솟구쳐 나오는 샘.
- 黃泉(황천) : 저승.

脈 줄기 **맥**   溫 따뜻할 **온**   黃 누를 **황**

ノ 丶 冇 白 白 㿝 身 泉 泉

137

廳

훈 관청　**음** 청

관아, 대청, 집, 마을

广(엄호)부, ㉒ 25획

㈎ 厅　**㈏** 庁　**㈐** 府 마을/관청 부

형성자 돌집 엄(广)과 들을 청(聽).
백성들의 말을 듣고 일을 처리하는 집으로,
'관청'을 뜻한다.

- 廳舍(청사) : 관청의 건물. 관청에서 사무실로 쓰는 건물.
- 官廳(관청) : 법률로 정해진 국가의 사무를 맡아보는 국가 기관.
- 大廳(대청) : 집 채 가운데 있는 큰 마루.

舍 집 사　官 벼슬 관　大 큰 대

丶 广 广 庁 庁 庁 庁 庐 庐 庐 庐 庐 庐 廤 廤 廤 廤 廤 廳 廳 廳 廳 廳 廳

聽

훈 들을　**음** 청

들어 주다, 좇다, 따르다

耳(귀 이)부, ⑯ 22획

㈎ 听　**㈏** 聴　**㈐** 聞 들을 문

형성자 귀 이(耳)와 내밀 임(壬), 큰 덕(悳).
귀를 내밀고 덕있는 소리를 들어야 하는
것으로, '듣다'를 뜻한다.

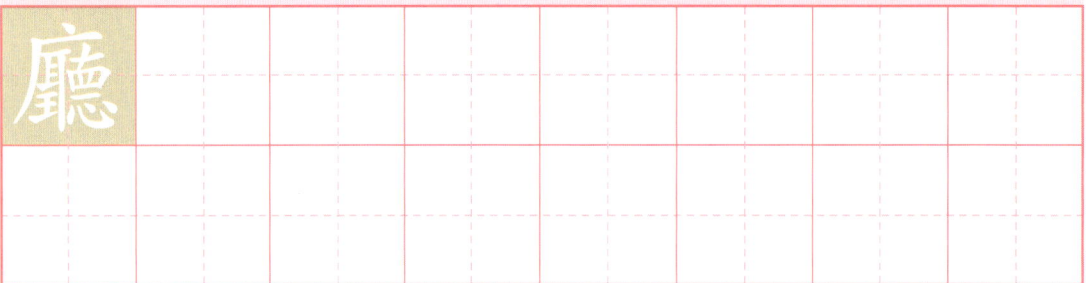

- 聽覺(청각) : 오감의 하나로 소리를 듣는 감각.
- 聽聞(청문) : 퍼져 돌아다니는 소문. 설교나 연설 따위를 들음.
- 聽衆(청중) : 설교나 연설 등을 들으려고 모인 사람들.

覺 깨달을 각　聞 들을 문　衆 무리 중

一 T F F 耳 耳 耵 耵 耵 耴 耴 聍 聍 聽 聽 聽 聽 聽 聽 聽 聽 聽

[제4회] 한자능력검정시험 4급 예상 문제

문 항 수 : 100문항
합격문항 : 70문항
제한시간 : 50분

1. 다음 밑줄 친 漢字語의 讀音을 쓰세요.(1~30)

1 손윗누이와 손아래의 누이를 姉妹라고 한다. [   ]

2 나는 殘業이 많아 야근을 하였다. [   ]

3 쓸데없는 雜談으로 시간을 낭비하지 말라. [   ]

4 산 전체를 물들인 단풍이 壯觀을 이루었다. [   ]

5 사방에 어둠의 帳幕이 내리고 있었다. [   ]

6 이 아이가 말썽을 일으킨 張本人이다. [   ]

7 최신예 裝備로 무장한 우리 국군. [   ]

8 우리는 모교에 獎學金을 전달했다. [   ]

9 積極적인 사고가 성공의 지름길이다. [   ]

10 우리의 國籍은 자랑스런 대한민국이다. [   ]

11 이제부터 여러분의 成績을 공개하겠습니다. [   ]

12 우리의 강토를 침탈하는 賊徒를 물리칩시다. [   ]

13 소풍을 가기에 適當한 날씨다. [   ]

14 너의 專攻을 살려 나가길 바란다. [   ]

15 암세포가 다른 곳으로 轉移되면 큰일이다. [   ]

16 자본주나 밑천을 내어 주는 사람을 錢主라 한다. [   ]

17 나는 동생과 빵을 折半씩 나누었다. [   ]

18 나는 시험 문제를 다시 한 번 點檢하였다. [   ]

19 우리는 강당에 나란히 整列하여 앉았다. [   ]

20 애국가가 울려 퍼지자 장내는 靜肅하였다. [   ]

21 대한 帝國의 말로는 점점 어두워 갔다. [   ]

22 그는 내 잘못을 條目條目 따지고 들었다. [   ]

23 오늘의 시대적 潮流를 거스를 수는 없다. [   ]

24 선거가 끝나자 정부 組織이 새롭게 개편되었다. [   ]

25 우리 存在의 가치를 새롭게 알리자. [   ]

26 從來의 방식대로 고집하면 우리가 이길 수 없다. [   ]

27 모두들 지정된 座席에 앉아 주시길 바랍니다. [   ]

28 이번에는 周到 면밀한 계획을 다시 세웠다. [   ]

29 누구나 酒量이 넘치면 실수하기 마련이다. [   ]

30 결정적인 證據를 들어 자신의 결백을 주장하였다. [   ]

2. 다음 漢字의 訓과 音을 쓰시오. (31~55)

31 證 [   ]   32 持 [   ]   33 織 [   ]

34 盡 [   ]   35 差 [   ]   36 探 [   ]

37 泉 [   ]   38 廳 [   ]   39 聽 [   ]

40 姉 [   ]   41 殘 [   ]   42 壯 [   ]

43 腸 [   ]   44 底 [   ]   45 籍 [   ]

46 專 [   ]   47 折 [   ]   48 點 [   ]

49 整 [   ]   50 條 [   ]   51 從 [   ]

52 座 [   ]   53 周 [   ]   54 珍 [   ]

55 賊 [   ]

3. 다음 漢字語 중 첫 音節이 길게 發音되는 單語 셋을 골라 그 번호를 쓰시오. (56~58)

例 ① 殘金   ② 轉出   ③ 張大   ④ 適格
    ⑤ 讚美   ⑥ 丁年   ⑦ 盡心   ⑧ 朱色

56 [   ]   57 [   ]   58 [   ]

4. 다음 漢字를 널리 쓰이는 略字로 고쳐 쓰시오. (59~61)

59 殘 [   ]   60 點 [   ]   61 廳 [   ]

5. 다음 漢字語의 뜻을 쓰시오. (62~63)

62 日記帳 [   ]

63 靜物　[   ]

6. 다음 訓과 音으로 연결된 單語를 漢字로 쓰시오. (64~68)

例　　　　　나라 국 – 집 가 (國家)

64 가질 지 – 이을 속　　[   ]

65 보배 진 – 귀할 귀　　[   ]

66 책 책 – 방 방　　　　[   ]

67 따뜻할 온 – 샘 천　　[   ]

68 쌓을 적 – 쇠 금　　　[   ]

7. 다음 漢字와 뜻이 같거나 비슷한 漢字를 [ ] 속에 적어 單語를 完成하시오. (69~73)

69 盜 [   ]   70 [   ] 帝   71 [   ] 織

72 [   ]紅   73 [   ]別

8. 다음 漢字와 뜻이 反對 또는 相對되는 漢字를 [ ] 속에 적으시오.(74~78)

74 高 ↔ [   ]   75 [   ] ↔ 動   76 存 ↔ [   ]

77 [   ] ↔ 害   78 [   ] ↔ 罰

9. 다음 漢字의 部首를 쓰시오.(79~81)

79 周 [   ]   80 智 [   ]   81 占 [   ]

10. 다음 빈 칸에 알맞은 漢字를 적어 四字成語를 完成하시오.(82~86)

82 (장삼)李四   [   ]

83 (백절)不屈   [   ]

84 酒池(육림)   [   ]

85 (진선)盡美   [   ]

86 盡人事(대천명)   [   ]

11. 다음 單語의 同音異議語를 제시된 뜻에 맞추어 漢字로 쓰시오.(87~91)

87 眞未 : 음식의 참맛.   [   ]

88 次道 : 병이 조금씩 낫는 것. 또는 그 정도.   [   ]

89 淸文 : 퍼져 돌아다니는 소문. 설교나 연설 따위를 들음. [   ]

90 序的 : 여러 가지 책과 자료.   [   ]

91 會前 : 빙빙 돎. 한 물체가 일정하게 움직임.   [   ]

12. 다음 밑줄 친 單語를 漢字로 바꾸어 쓰시오.(92~95)

92 시험 성적을 나타내는 숫자를 점수라 한다. [   ]

93 일을 마치고 나머지 물건을 깨끗이 정리하시오. [   ]

94 우리의 미풍양속은 존속되어야 마땅하다. [   ]

95 마라톤은 지구력이 대단히 중요하다. [   ]

13 다음 제시된 문장의 밑줄 친 단어 중 한글로 기록된 것은 漢字로 바꾸고, 漢字로 기록된 것은 그 讀音을 쓰시오.(96~100)

> 이번 호 잡지에서는 많은 誌面을 통하여 인간의 尊嚴性을 強調하였다.

96 잡지 [   ]

97 誌面 [   ]

98 인간 [   ]

99 尊嚴性 [   ]

100 強調 [   ]

제5장 喜怒哀樂(희로애락) 編

招 推 縮 就 趣 層 寢 針 稱 彈

歎 脫 探 擇 討 痛 投 鬪 派 判

篇 評 閉 胞 爆 標 疲 避 恨 閑

抗 核 憲 險 革 顯 刑 或 婚 混

紅 華 歡 環 況 灰 候 厚 揮 喜

招

훈 부를　**음** 초

초래하다, 오게 하다

扌(재방변)부, ⑤ 8획

동 呼 부를 호　召 부를 소　唱 부를 창

형성자 손 수(扌·手)와 부를 소(召). 손짓하여 가까이 부르는 것으로, '부르다, 초래하다'를 뜻한다.

- 招待(초대) : 어떤 모임에 불러서 대접함. 손님을 오게 하여 대접함.
- 招來(초래) : 어떤 결과를 가져오게 함.
- 招請(초청) : 손님으로 오라고 청하여 부름.

待 기다릴 대　來 올 래　請 청할 청

一 扌 扌 扫 招 招 招 招

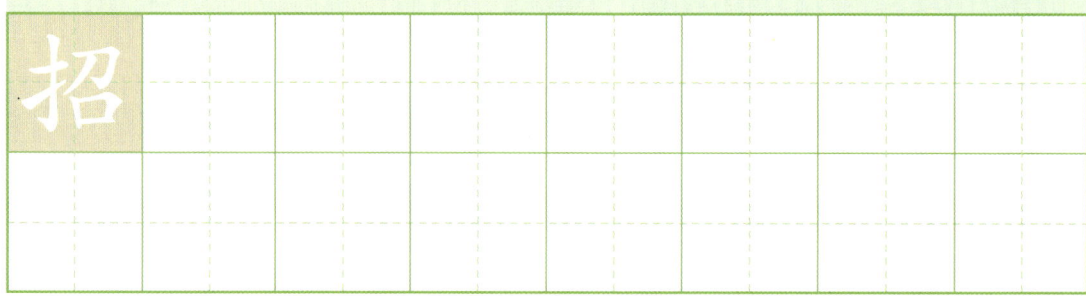

推

훈 밀　**음** 추

옮기다, 변천, 천거하다

扌(재방변)부, ⑧ 11획

반 引 끌 인

형성자 손 수(扌·手)와 새 추(隹·出 : 나다). 새가 앞으로 나아가듯 손으로 힘껏 미는 것으로, '밀다, 옮기다'를 뜻한다.

- 推理(추리) : 아직 밝혀지지 않은 일을 미루어 헤아림.
- 推進(추진) : 앞으로 밀고 감. 일이 잘 되도록 힘씀.
- 推薦(추천) : 알맞은 사람을 천거함.

理 다스릴 리　進 나아갈 진　薦 천거할 천

一 扌 扌 扌 扩 扩 扩 护 拍 推 推

縮

훈 줄일 음 축

줄어들다, 오그라들다, 모자라다

糸(실 사)부, ⑪ 17획

갑 縮

형성자 실 사(糸)와 잘 숙(宿).
실을 물에서 꺼내어 잠재우면 오그라드는 것으로, '줄어들다'를 뜻한다.

- 縮小(축소) : 줄여서 작아지거나 작게 함. 반 擴大(확대)
- 縮約(축약) : 규모를 줄여서 간략하게 함.
- 減縮(감축) : 덜고 줄여서 적게 함.

小 작을 소   擴 넓힐 확   約 맺을 약   減 덜 감

`丿 ⺌ ⺌ 幺 幺 糸 糸 糹 糹 紵 紵 紵 紵 綍 綍 縮 縮 縮`

就

훈 나아갈 음 취:

이루다, 좇다

尢(절름발이왕)부, ⑨ 12획

동 進 나아갈 진   成 이룰 성

회의자 서울 경(京 : 높은 건물)과 더욱 우(尤).
높이 쌓은 건물이 더욱 다른 것으로, '나아가다'를 뜻한다.

- 就勞(취로) : 노동을 함. 일에 착수하거나 종사함.
- 就業(취업) : 직장에 나아가 일함. 就職(취직).
- 日就月將(일취월장) : 날로 달로 자라거나 나아감.

勞 일할 로   業 업 업   職 직분 직   日 날 일   月 달 월   將 장수 장

`丶 一 亠 ㅗ 古 京 京 京 京 就 就 就`

趣

훈 뜻 음 취:

취미, 빨리 가다

走(달아날 주)부, ⑧ 15획

동 意뜻의 情뜻정 志뜻지

형성자 달릴 주(走)와 찾을 취(取 : 빠르다).
빨리 달리는 것을 뜻하고 전하여,
'취미, 맛'을 뜻한다.

- 趣味(취미) : 좋아하여 재미로 즐겨 하는 일. 마음에 끌리는 흥미.
- 趣旨(취지) : 어떤 사업의 근본적인 목적. 글이나 말의 중심이 되는 뜻.
- 趣向(취향) : 하고 싶은 마음이 쏠리는 방향.

味 맛 미   旨 뜻 지   向 향할 향

一 十 土 キ キ キ 走 走 赱 赱 赱 赵 趣 趣 趣

層

훈 층 음 층

겹, 계단, 계급, 수준

尸(주검시엄)부, ⑫ 15획

간 层 동 階 섬돌 계

형성자 주검 시(尸)와 더할 증(曾).
지붕이 포개져 쌓인 높은 다락집의 뜻.
쌓여 겹쳐지는 것으로, '층, 계단'을 뜻한다.

- 層階(층계) : 층 사이를 오르내리는 계단.
- 層層侍下(층층시하) : 부모와 조부모를 모두 모시고 있는 처지.
- 層下(층하) : 다른 것보다 낮게 보아 소홀히 함.

階 섬돌 계   侍 모실 시   下 아래 하

一 コ ㄕ ㄕ ㄕ ㄕ 尸 屄 屄 屄 屄 層 層 層 層

寢

훈 잘 음 침:
쉬다, 그치다, 눕다
宀(갓머리)부, ⑪ 14획

간 寢 반 起 일어날 기 통 宿 잘 숙

형성자 움집 면(宀)과 조각 널 장(爿), 잠잘 침(侵). 집안의 깊숙한 방에서 자는 것으로, '잠자다, 쉬다'를 뜻한다.

- 寢具(침구) : 잠자는 데 쓰는 물건. 이부자리나 베개 따위.
- 寢食(침식) : 잠자는 일과 먹는 일.
- 寢室(침실) : 잠을 잘 수 있게 마련된 방.

具 갖출 구   食 밥/먹을 식   室 집 실

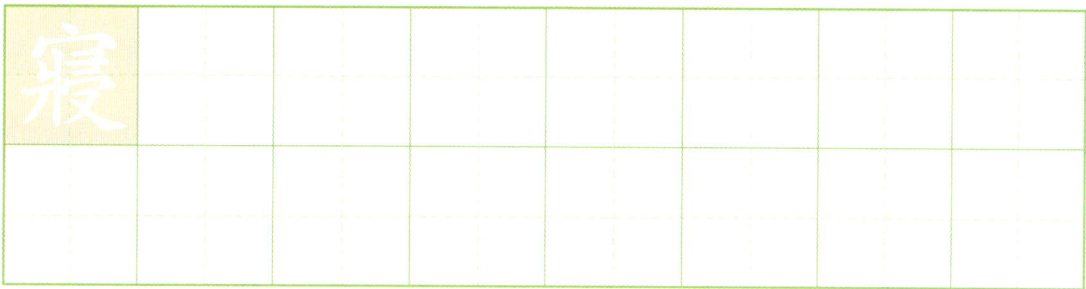

針

훈 바늘 음 침(:)
침, 바느질하다
金(쇠 금)부, ② 10획

간 针

형성자 쇠 금(金)과 열 십(十 : 바늘). 쇠로 만든 바늘이라는 것으로, '바늘, 침'을 뜻한다.

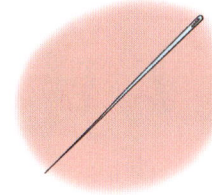

- 針母(침모) : 남의 집 바느질을 하고 품삯을 받는 여자.
- 針線(침선) : 바늘과 실. 곧 바느질.
- 針葉樹(침엽수) : 소나무, 잣나무, 전나무처럼 잎이 바늘처럼 생긴 나무.

母 어미 모   線 줄 선   葉 잎 엽   樹 나무 수

稱

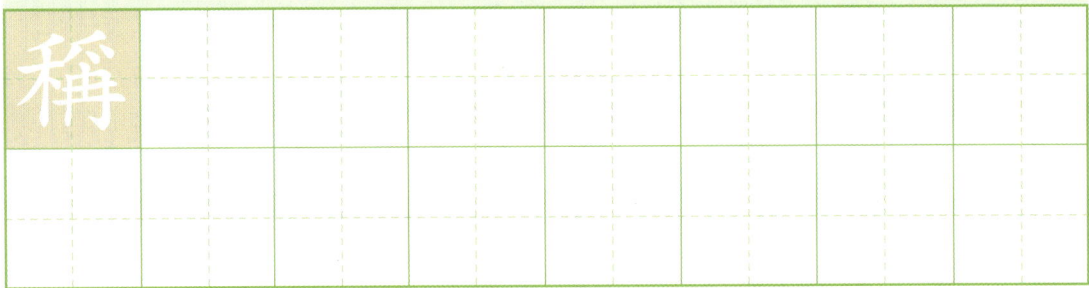

훈 일컬을　**음** 칭

칭찬, 부르다, 저울

禾(벼 화)부, ⑨ 14획

간약 称

형성자 벼 화(禾)와 물건을 담아 들어올릴 승(爯). 곡식을 저울에 다는 것으로, 저울대를 뜻하며 저울에 단 무게를 알리는 것을 뜻한다.

- 稱量(칭량) : 저울로 닮. 사정이나 형편을 헤아림.
- 稱頌(칭송) : 공덕을 찬양하여 기림.
- 稱讚(칭찬) : 잘한다고 추어 올림. 좋은 점을 들어 기림.

量 헤아릴 **량**　頌 기릴/칭송할 **송**　讚 기릴 **찬**

`ノ 二 千 禾 禾 禾' 禾'' 禾''' 称 稱 稱 稱 稱`

彈

훈 탄알　**음** 탄:

탄환, 활로 쏘는 돌

弓(활 궁)부, ⑫ 15획

간 弹　**약** 弹

형성자 활 궁(弓)과 홑 단(單). 單(단)은 탄알을 튀겨 쏘는 Y자형의 활의 상형.

- 彈力(탄력) : 본디의 상태로 돌아가려는 힘. 팽팽하게 버티는 힘.
- 彈壓(탄압) : 권력이나 무력 등으로 억누르고 짓밟음.
- 彈藥(탄약) : 탄알과 화약을 아울러 일컫는 말.

力 힘 **력**　壓 누를 **압**　藥 약 **약**

`フ 弓 弓' 弓'' 弓''' 弓'''' 弓''''' 彈 彈 彈 彈 彈`

歎

훈 탄식할   **음** 탄:

한숨쉬다, 감탄

欠(하품 흠)부, ⑪ 15획

 叹

형성자 어려울 난(堇·難)과 하품할 흠(欠). 어려운 일을 당하여 하품하듯 입을 크게 벌리는 것으로, '탄식하다'를 뜻한다.

- 歎服(탄복) : 아주 훌륭하다고 여기어 마음속으로 칭찬함.
- 歎息(탄식) : 한숨을 쉬며 한탄함.
- 恨歎(한탄) : 뉘우치거나 속이 상해 한숨을 지음. 또는 그 한숨.

服 옷 복   息 쉴 식   恨 한 한

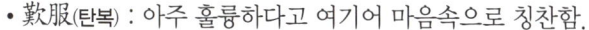

脫

훈 벗을   **음** 탈

벗기다, 빠지다, 기뻐하다

月(육달월)부, ⑦ 11획

형성자 몸 육(月·肉)과 바꿀 태(兌). 곤충 따위가 허물을 벗고 형체를 바꾸는 것으로, '벗다, 벗기다'를 뜻한다.

- 脫落(탈락) : 어떤 무리에서 빠지거나 떨어져 나감.
- 脫線(탈선) : 정상적인 행동에서 벗어남.
- 脫出(탈출) : 몸을 빼어 도망함.

落 떨어질 락   線 줄 선   出 날 출

探

훈 찾을　**음** 탐

더듬다, 엿보다, 방문하다

扌(재방변)부, ⑧ 11획

동 索 찾을 색　訪 찾을 방

형성자 손 수(扌·手)와 깊을 심(罙).
손으로 깊은 곳을 더듬어서 찾아내는
것으로, '찾다, 더듬다'를 뜻한다.

- 探究(탐구) : 진리나 법칙 등을 자세히 살피고 연구함.
- 探索(탐색) : 감추어진 사실을 알아내기 위하여 자세히 살피고 조사함.
- 探險(탐험) : 위험을 무릅쓰고 미지의 세계를 찾아다니며 살핌.

究 연구할 구　索 찾을 색, 노 삭　險 험할 험

一 十 扌 扌 扩 扩 押 抨 挥 探 探

擇

훈 가릴　**음** 택

고르다, 뽑다

扌(재방변)부, ⑬ 16획

간 择　**약** 択　**동** 選 가릴 선

형성자 손 수(扌·手)와 엿볼 택(睪).
사물을 두루 엿보아 손으로 고른다는
것으로, '가리다, 고르다'를 뜻한다.

- 擇交(택교) : 벗을 사귀는 데 좋고 나쁨을 가려서 사귐.
- 擇一(택일) : 여럿 가운데서 하나를 고름.
- 選擇(선택) : 여럿 가운데서 필요한 것을 골라서 정함.

交 사귈 교　一 한 일　選 가릴 선

一 十 扌 扌 扩 扩 扩 押 押 押 挥 挥 擇 擇 擇 擇

討

훈 칠 **음** 토(ː)

토벌하다, 없애다, 탐구하다

言(말씀 언)부, ③ 10획

㉠ 討 ㉡ 攻 칠 공 伐 칠 벌 打 칠 타

형성자 말씀 언(言)과 마디 촌(寸: 팔꿈치).
죄인을 법도에 따라 말로 다스리고, 적을
토벌하는 것으로, '치다'를 뜻한다.

- 討論(토론): 어떤 논제를 놓고 각자의 의견을 내어 논의함.
- 討伐(토벌): 군사를 내어 도둑이나 반항의 무리를 침.
- 討議(토의): 어떤 주제에 대하여 각자 의견을 내어 검토하고 협의함.

論 논할 **론** 伐 칠 **벌** 議 의논할 **의**

○○○열린 토론회

丶 亠 ㇒ 言 言 言 言 討 討

痛

훈 아플 **음** 통ː

원통하다, 슬픔, 상하다

疒(병질엄)부, ⑦ 12획

형성자 병들 녁(疒)과 꿰뚫고 나갈 용(甬).
몸을 꿰뚫고 나가는 아픔으로, '아프다, 슬픔'
을 뜻한다.

- 痛感(통감): 마음에 사무치게 느낌. 절실히 느낌.
- 痛快(통쾌): 아주 기분이 좋음. 극히 마음이 상쾌함.
- 痛歎(통탄): 매우 한탄하며 슬퍼함. 몹시 탄식함.

感 느낄 **감** 快 쾌할 **쾌** 歎 탄식할 **탄**

丶 亠 广 疒 疒 疒 疒 痭 痭 痭 痭 痛

投

훈 던질　**음** 투

내버리다, 보내다, 의탁하다

扌(재방변)부, ④ 7획

형성자 손 수(扌·手)와 창 수(殳 : 몽둥이로 패다). 손으로 창을 던지는 것으로, '던지다, 보내다'를 뜻한다.

- 投機(투기) : 확신도 없이 큰 이익을 노리고 무슨 짓을 함.
- 投手(투수) : 야구에서 포수에게 공을 던지는 사람.
- 投票(투표) : 선거에서 자기의 의견, 또는 찬반을 표함.

機 틀 기　手 손 수　票 표 표

一 十 扌 扌 扩 投 投

鬪

훈 싸움　**음** 투

전쟁, 겨루다, 다투다

鬥(싸울 투)부, ⑩ 20획

간 斗　**반** 和 화할 화　**동** 戰 싸움 전

형성자 싸울 투(鬥)와 쪼갤 착(尌). 鬥(투)는 사람이 다투는 모양. 무기를 들고 마주 서서 베거나 쪼개는 것으로, '싸우다'를 뜻한다.

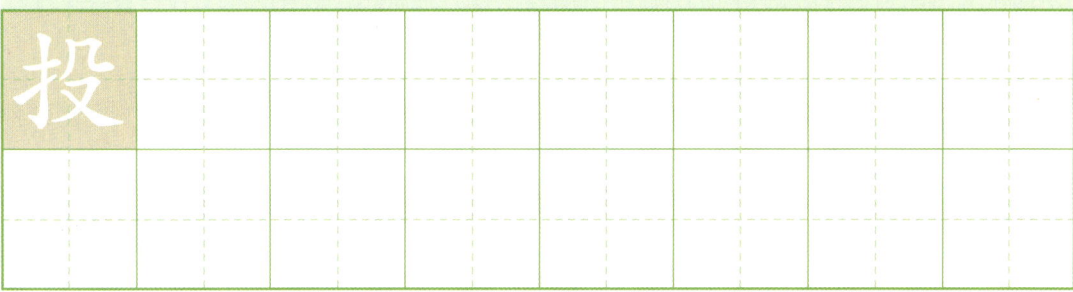

- 鬪技(투기) : 재주나 힘 등을 겨루는 일. 맞붙어 싸우는 경기.
- 鬪爭(투쟁) : 목적을 이루기 위해 위험을 무릅쓰고 힘껏 싸움.
- 鬪志(투지) : 어려움을 이기고자, 또는 맞서 싸우고자 하는 굳센 의지.

技 재주 기　爭 다툴 쟁　志 뜻 지

丨 冂 冃 冃 冃 冃 冃 鬥 鬥 鬥 鬥 鬪 鬪 鬪 鬪 鬪 鬪 鬪 鬪

派

훈 갈래 **음** 파

가닥, 갈라지다, 보내다

氵(삼수변)부, ⑥ 9획

형성자
물 수(氵·水)와 흐를 비(匚).
흘러가는 물이 갈라져 있는 모양으로,
'물갈래, 가닥'을 뜻한다.

- 派遣(파견) : 일정한 임무를 주어 어느 곳에 보냄.
- 派動(파동) : 공간으로 퍼져 가는 진동. 사회적으로 영향을 미치는 사태.
- 派生(파생) : 하나의 본체에서 다른 사물이 갈라져 나와 생김.

遣 보낼 **견**   動 움직일 **동**   生 날 **생**

丶 丶 氵 氵 氵 氿 沠 派 派

判

훈 판단할 **음** 판

가르다, 나누다, 구별

刂(선칼도방)부, ⑤ 7획

형성자 반 반(半)과 칼 도(刂·刀).
물건의 절반을 칼로 자르듯이 모든 일을
가리는 것으로, '판단하다'를 뜻한다.

- 判決(판결) : 시비나 선악을 판단하여 결정함.
- 判斷(판단) : 사물의 진위 등을 가리어 정함.
- 判定(판정) : 어떤 일을 판별하여 결정함.

決 결단할 **결**   斷 끊을 **단**   定 정할 **정**

丶 丶 丷 半 半 判 判

篇

훈 책 **음** 편
시문(詩文), 글, 편액
竹(대 죽)부, ⑨ 15획

동 冊 책 **책** 書 글 서

형성자 대 죽(竹)과 현판 편(扁 : 실로 꿰어 엮은 책). 대나무 조각에 글을 쓰고 실로 꿰어서 엮은 '책'을 뜻한다.

- 篇首(편수) : 한 편의 시문이나 책의 첫머리.
- 長篇(장편) : 시가나 소설, 영화 따위에서 내용이 긴 작품.
- 千篇一律(천편일률) : 거의 같음. 사물이 다 비슷해 변화가 없음.

首 머리 **수** 長 긴 **장** 千 일천 **천** 一 한 **일** 律 법칙 **률**

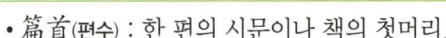

評

훈 평할 **음** 평:
평론하다, 품평하다, 헤아리다
言(말씀 언)부, ⑤ 12획

갑 评 **동** 批 비평할 비

형성자 말씀 언(言)과 공평할 평(平). 사물을 공평하게 평정하여 논하는 것으로, '평하다'를 뜻한다.

- 評價(평가) : 가치나 수준을 자세히 따져 정함. 정한 가격.
- 評論(평론) : 사물의 가치나 선악 등을 비평하여 논함. 또는 그 글.
- 批評(비평) : 사물의 옳고 그름, 좋고 나쁨 등을 따져 그 가치를 매김.

價 값 **가** 論 논할 **론** 批 비평할 **비**

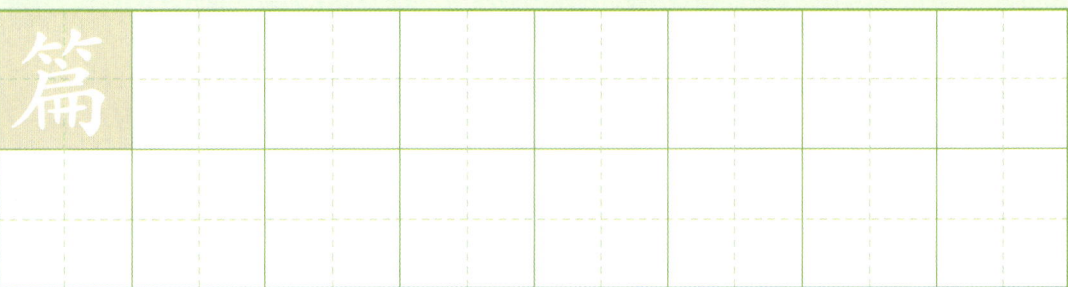

閉

훈 닫을 **음** 폐:

마치다, 끝내다, 막다

門(문 문)부, ③ 11획

㉠ 閉 ㉡ 開 열 개

회의자 문 문(門)과 재주 재(才 : 문을 닫는 빗장). 문을 닫아 건 모양에서 '닫다, 마치다'를 뜻한다.

- 閉幕(폐막) : 연극이 끝나고 막을 내림. 어떤 일이 다 끝남의 비유.
- 閉場(폐장) : 극장이나 회장을 닫음. 행사의 일이 끝나 문을 닫음.
- 閉會(폐회) : 집회 또는 회의를 마침.

幕 장막 **막**   場 마당 **장**   會 모일 **회**

丨 冂 冂 冃 冃' 門 門 門 閂 閉 閉

胞

훈 세포 **음** 포(:)

배, 태보, 형제

月(육달월)부, ⑤ 9획

형성자
몸 육(月・肉)과 쌀 포(包 : 아이 배다).
태아를 싸고 있는 막, 곧 '태보(胎褓 : 아기집), 세포'를 뜻한다.

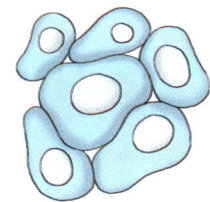

- 胞衣(포의) : 태아를 싸고 있는 막(膜)과 태반.
- 同胞(동포) : 같은 어머니에게서 태어난 형제 자매. 같은 겨레.
- 細胞(세포) : 생물체를 구성하는 기본 단위. 조직의 최소 구성 단위.

衣 옷 **의**   膜 막/꺼풀 **막**   同 한가지 **동**   細 가늘 **세**

丿 几 月 月 月' 肑 肑 胞 胞

爆

훈 불터질　**음** 폭

폭발하다, 불사르다

火(불 화)부, ⑮ 19획

형성자
불 화(火)와 사나울 폭(暴).
사나운 불길에 물체가 폭발하여 터지는 것으로,
'터지다, 폭발하다'를 뜻한다.

- 爆擊(폭격) : 비행기가 폭탄을 떨어뜨려 적의 시설 따위를 파괴함.
- 爆發(폭발) : 불이 일어나며 갑작스럽게 터짐.
- 爆笑(폭소) : 갑자기 터져 나오는 웃음.

擊 칠 **격**　發 필 **발**　笑 웃음 **소**

丶 丷 少 火 灯 灯 灯 炉 炉 焊 焊 煠 爆 爆 爆 爆

爆

標

훈 표할　**음** 표

표시, 표적, 나타내다

木(나무 목)부, ⑪ 15획

간 标

형성자
나무 목(木)과 끝 표(票).
나무의 높은 곳, 꼭대기 줄기를 가리켰으나
눈에 띄는 '표'를 뜻한다.

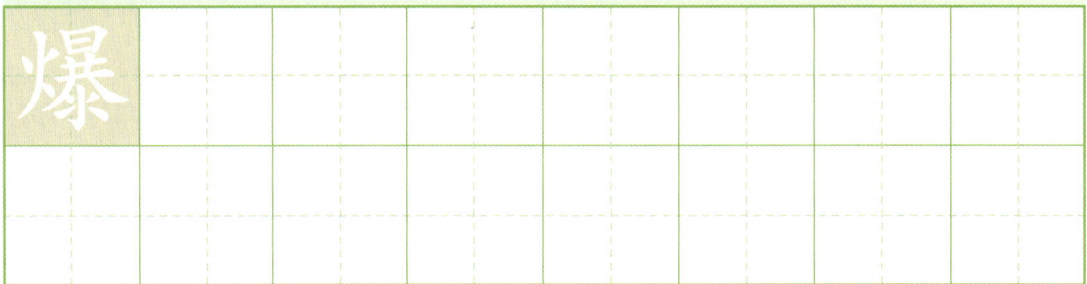

- 標記(표기) : 책이나 문서 · 봉투 등의 겉면에 기록함.
- 標本(표본) : 본보기가 되거나 표준으로 삼을 만한 물건.
- 目標(목표) : 일을 이루거나 완성하기 위한 대상.

記 기록할 **기**　本 근본 **본**　目 눈 **목**

一 十 才 木 朮 朮 朾 栖 栖 標 標 標 標 標

標

疲

훈 피곤할 **음** 피

지치다, 고달프다

疒(병질엄)부, ⑤ 10획

동 困 곤할 곤

형성자 병 녁(疒)과 가죽 피(皮). 가죽만 남을 정도로 야위어 매우 고달프고 지쳐서 '피곤하다'를 뜻한다.

- 疲困(피곤) : 몸과 마음이 지쳐서 고달픔.
- 疲勞(피로) : 몸이나 정신이 지치어 피곤함. 또는 그러한 상태.
- 疲弊(피폐) : 지치고 쇠약해짐.

困 곤할 **곤**　勞 일할 **로**　弊 폐단/해질 **폐**

`丶 亠 广 广 疒 疒 疒 疔 疖 疲 疲`

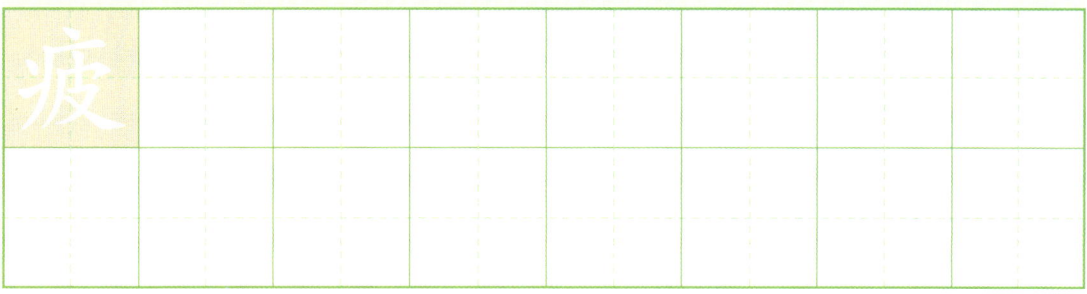

避

훈 피할 **음** 피:

떠나다, 벗어나다, 숨다

辶(책받침)부, ⑬ 17획

가 避　**동** 逃 도망할 도

형성자 편벽될 벽(辟)과 쉬엄쉬엄 갈 착(辶·辵). 옆으로 비껴 나아가는 것으로, '피하다, 떠나다'를 뜻한다.

- 避難(피난) : 재난을 피하여 다른 곳으로 옮겨감.
- 避暑(피서) : 더위를 피하여 서늘한 곳으로 옮김.
- 避身(피신) : 위험으로부터 몸을 숨겨 피함.

難 어려울 **난**　暑 더울 **서**　身 몸 **신**

`フ コ ㄕ ㄕ 芹 吊 居 居 辟 辟 辟 辟 辟 辟 避 避 避`

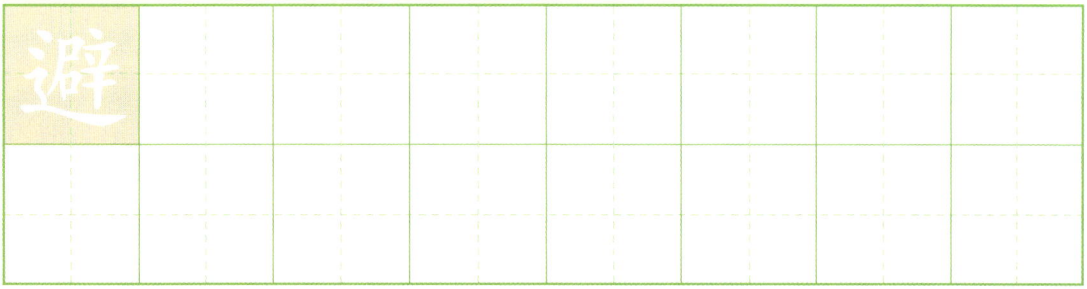

159

恨

훈 한(怨)　**음** 한:

원한, 뉘우치다, 유감

忄(심방변)부, ⓖ 9획

형성자
마음 심(忄·心)과 머무를 간(艮).
심장이 멈출 만큼의 응어리진 것으로,
'한하다, 원한'을 뜻한다.

- 恨歎(한탄) : 한스러워 한숨을 지음.
- 怨恨(원한) : 억울한 일을 당하여 마음속 깊이 분하게 여기는 생각.
- 痛恨(통한) : 매우 한탄함.

歎 탄식할 **탄**　怨 원망할 **원**　痛 아플 **통**

丶 丿 忄 忄 忄 忄 忄 忄 恨 恨 恨

閑

훈 한가할　**음** 한

느긋하다, 등한하다

門(문 문)부, ④ 12획

간 闲

회의자 문 문(門) 속에 나무 목(木).
문을 열고 뜰에 심어 놓은 나무를 보는
마음으로, '한가하다'를 뜻한다.

- 閑暇(한가) : 하는 일이 적거나 바쁘지 않아서 겨를이 있음.
- 閑散(한산) : 한가하고 쓸쓸함. 조용하고 쓸쓸함.
- 閑寂(한적) : 사람들이 많지 않아 조용함. 한가하고 고요함.

暇 틈/겨를 **가**　散 흩을 **산**　寂 고요할 **적**

丨 冂 冂 冃 冃 門 門 門 閂 閑 閑 閑

抗

훈 겨룰 **음** 항:
대항하다, 막다, 거부함

扌(재방변)부, ④ 7획

형성자
손 수(扌·手)와 겨룰 항(亢 : 높다).
손으로 적과 겨루어서 맞서는 것으로, '겨루다, 대항하다'를 뜻한다.

- 抗命(항명) : 명령이나 제지에 따르지 않고 반항함.
- 抗議(항의) : 어떤 일을 부당하다고 여겨 따지거나 반대하는 뜻을 주장함.
- 對抗(대항) : 서로 상대하여 겨룸. 서로 맞서서 버티어 겨룸.

命 목숨 **명**   議 의논할 **의**   對 대할 **대**

一 亻 扌 扌 扩 抗 抗

核

훈 씨 **음** 핵
알맹이, 중심, 핵

木(나무 목)부, ⑥ 10획

동 種 씨 종

형성자 나무 목(木)과 돼지 해(亥 : 단단하다).
사물이나 과실 중심의 단단한 부분으로,
'씨, 알맹이'를 뜻한다.

- 核果(핵과) : 씨가 단단한 핵으로 싸여 있는 열매. 살구·복숭아 등.
- 核武器(핵무기) : 핵에너지를 이용한 각종 무기.
- 核心(핵심) : 사물의 중심이 되는 요긴한 부분.

果 실과 **과**   武 호반 **무**   器 그릇 **기**   心 마음 **심**

一 十 扌 木 朮 朼 村 栌 核 核

憲

- 훈 법 음 헌:
- 법규, 본보기, 관리
- 心(마음 심)부, ⑫ 16획

- 간 宪 통 法 법 법 律 법칙 률
- **형성자** 해칠 해(害·害)와 눈 목(罒·目), 마음 심(心). 해침당하지 않도록 눈과 마음을 밝히는 것으로, '법, 법규'를 뜻한다.

- 憲法(헌법) : 근본이 되는 법규. 국가의 기본적인 조건을 규정하는 근본법.
- 憲章(헌장) : 헌법의 전장(典章). 국가가 이상(理想)으로서 정한 원칙.
- 立憲(입헌) : 헌법을 제정함.

法 법 법 章 글 장 典 법 전 理 다스릴 리 想 생각 상 立 설 립

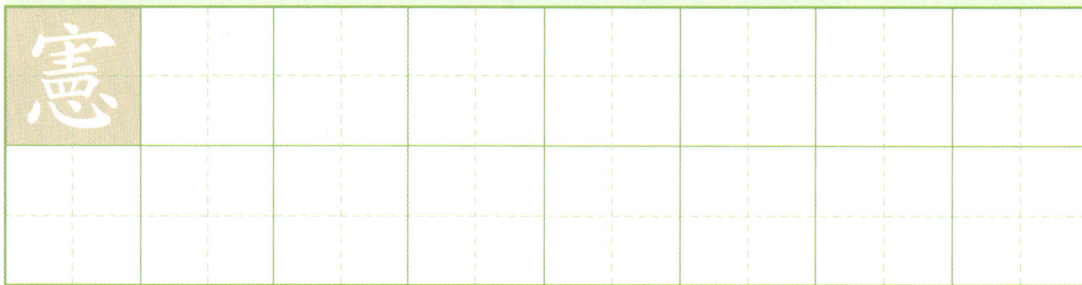

險

- 훈 험할 음 험:
- 위태롭다, 고생
- 阝(좌부방)부, ⑬ 16획

- 간 险 약 険
- **형성자** 언덕 부(阝·阜)와 모두 첨(僉). 높은 곳에 많은 사람과 물건이 있는 것으로, '험하다, 위태롭다'를 뜻한다.

- 險難(험난) : 위험하고 어려움. 위태롭고 고생스러움.
- 險惡(험악) : 길이나 날씨 등이 험하고 사나움. 성질이 거칠고도 사나움.
- 險峻(험준) : 산세가 험하고 높고 가파름.

難 어려울 난 惡 악할 악, 미워할 오 峻 높을 준

革

훈 가죽 **음** 혁

피부, 북, 고치다

革(가죽 혁)부, ⓪ 9획

동 皮 가죽 피

상형자 짐승의 머리에서 꼬리까지 벗긴 가죽의 모양에서 '가죽'을 뜻하고, '고치다'의 뜻도 나타낸다.

- 革帶(혁대) : 가죽으로 만든 띠.
- 革命(혁명) : 왕조가 바뀜. 어떤 상태가 급격하게 발전, 변동하는 일.
- 革新(혁신) : 풍속이나 제도를 바꿔 새롭게 함.

帶 띠 대   命 목숨 명   新 새 신

一 十 艹 芇 芇 苎 莒 莒 革

顯

훈 나타날 **음** 현:

드러나다, 밝다

頁(머리 혈)부, ⑭ 23획

간 显 **약** 顕 **동** 現 나타날 현

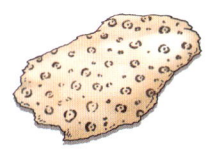

형성자 미묘할 현(㬎)과 머리 혈(頁). 머리에 찬란하고 아름답게 장식한 것이 눈에 띄는 것으로, '나타나다'를 뜻한다.

- 顯考(현고) : 돌아가신 아버지 신주(神主)의 첫머리에 쓰는 말.
- 顯著(현저) : 눈에 띄게 뚜렷함.
- 顯忠(현충) : 충렬을 드러내어 기림.

考 생각할 고   神 귀신 신   主 임금/주인 주   著 나타날 저   忠 충성 충

丨 冂 曰 旦 昻 昻 昻 昻 㬎 㬎 㬎 㬎 㬎 顯 顯 顯 顯 顯 顯 顯

163

刑

훈 형벌　**음** 형

형벌을 주다, 죽이다

刂(선칼도방)부, ④ 6획

형성자

형틀 모양인 평평할 견(幵)과 칼 도(刂·刀). 죄수를 형틀에 매고 칼로 베는 것으로, '형벌'을 뜻한다.

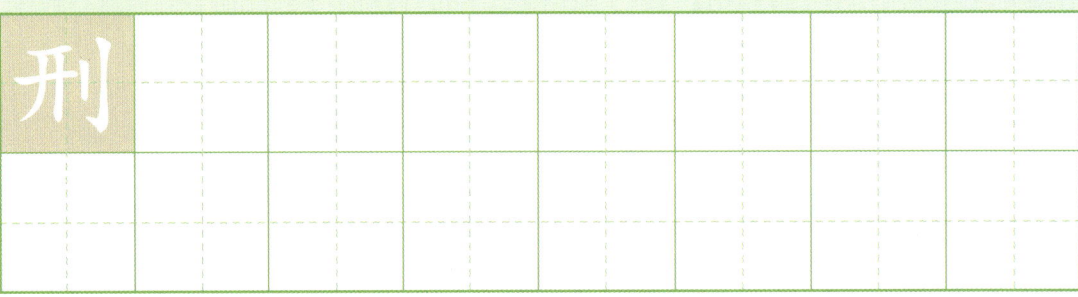

- 刑量(형량) : 죄인에게 주는 형벌의 종류와 그 기간.
- 刑罰(형벌) : 국가가 죄를 지은 사람에게 법에 따라 주는 벌.
- 刑法(형법) : 범죄와 형벌의 내용을 규정한 법률.

量 헤아릴 **량**　罰 벌할 **벌**　法 법 **법**

一 二 干 开 升 刑

或

훈 혹　**음** 혹

혹은, 누구, 어떤

戈(창 과)부, ④ 8획

회의자

창 과(戈)와 입 구(口), 땅을 의미하는 한 일(一). 무장한 지역을 뜻하였으나 가차하여 쓰인다.

- 或說(혹설) : 어떤 사람의 주장이나 학설.
- 或是(혹시) : 확실한 것은 아니지만. 만일에.
- 或者(혹자) : 어떤 사람. 혹시.

說 말씀 **설**, 달랠 **세**　是 이/옳을 **시**　者 놈 **자**

一 丁 丆 丏 戸 或 或 或

164

婚

훈 혼인할 **음** 혼

혼인, 처가, 사돈

女(계집 녀)부, ⑧ 11획

형성자
계집 녀(女)와 어두울 혼(昏).
저녁에 신랑이 신부집에 가서 혼례식을 올리는 것으로, '혼인하다'를 뜻한다.

- 婚期(혼기) : 혼인을 하기에 알맞은 나이. 또는 그 시기.
- 婚談(혼담) : 혼인을 정하기 위하여 오고가는 말.
- 婚姻(혼인) : 장가들고 시집가는 일. 남녀가 부부가 되는 일.

期 기약할 기   談 말씀 담   姻 혼인할 인

く 夕 女 女 女 女 姉 姉 婚 婚 婚

混

훈 섞을 **음** 혼:

섞이다, 흐리다, 합치다

氵(삼수변)부, ⑧ 11획

동 雜 섞일 잡

형성자 물 수(氵·水)와 같을 곤(昆).
여러 갈래의 물이 같은 곳으로 흘러 섞이는 것으로, '섞다, 섞이다'를 뜻한다.

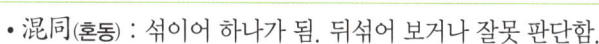

- 混同(혼동) : 섞이어 하나가 됨. 뒤섞어 보거나 잘못 판단함.
- 混亂(혼란) : 이것저것 뒤섞여서 어지러움.
- 混雜(혼잡) : 여러 가지가 질서 없이 뒤섞여 복잡함.

同 한가지 동   亂 어지러울 란   雜 섞일 잡

丶 丶 氵 氵 汩 汩 汩 混 混 混

紅

훈 붉을 **음** 홍

붉은 빛, 연지

糸(실 사)부, ③ 9획

간 紅 **동** 朱 붉을 주 赤 붉을 적

형성자 실 사(糸)와 만들 공(工).
실에 붉은 물감을 들여서 붉게 만드는 것으로, '붉다'를 뜻한다.

- 紅東白西(홍동백서) : 제사지낼 때 제물을 차리는 격식. '붉은 과일은 동쪽, 흰 과일은 서쪽'에 차림을 뜻함.
- 紅一點(홍일점) : 많은 남자들 속에 '하나뿐인 여자'를 일컫는 말.

東 동녘 **동** 白 흰 **백** 西 서녘 **서** 一 한 **일** 點 점 **점**

` ㄴ ㄥ ㄠ 幺 糸 糸 糽 紅 紅 `

華

훈 빛날 **음** 화

꽃, 광택, 아름답다

艹(초두머리)부, ⑧ 12획

간 华 **동** 曜 빛날 요

형성자 풀 초(艹·艸)와 드리울 수(𠂹).
초목의 꽃이 아름답게 드리워져 있는 것으로, '빛나다, 꽃'을 뜻한다.

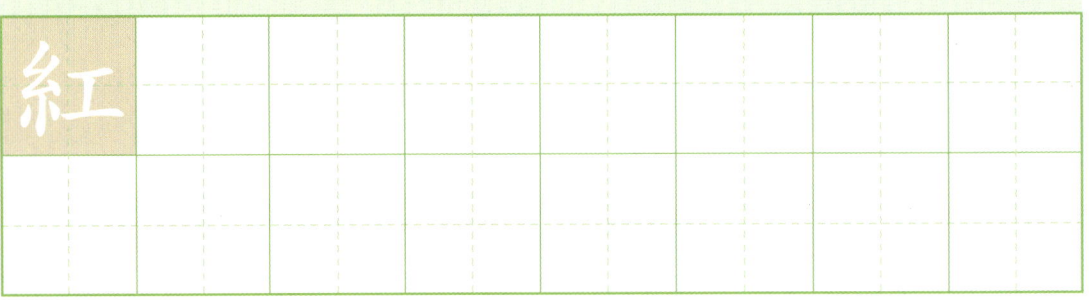

- 華甲(화갑) : 환갑, 곧 예순한 살.
- 華麗(화려) : 눈이 부시게 아름답고 보기 좋음.
- 華婚(화혼) : 남의 혼인을 아름답게 일컫는 말.

甲 갑옷 **갑** 麗 고울 **려** 婚 혼인할 **혼**

` 一 十 卄 丱 芇 芇 苎 莩 莩 莝 菙 華 `

歡

훈 기쁠 **음** 환

기뻐하다, 즐기다

欠(하품 흠)부, ⑱ 22획

간약 欢 **반** 悲 슬플 비 **동** 喜 기쁠 희

형성자 황새 관(雚 : 부르다)과 하품할 흠(欠). 어미 황새가 먹이를 물어 오면 새끼들이 입을 벌려 기뻐하는 것을 뜻한다.

- 歡樂(환락) : 기뻐하고 즐거워함.
- 歡迎(환영) : 기쁜 마음으로 맞이함. **반** 歡送(환송)
- 歡呼(환호) : 기뻐서 고함을 지름.

樂 즐길 **락**, 노래 **악**, 좋아할 **요**   迎 맞을 **영**   送 보낼 **송**   呼 부를 **호**

一 + + ++ ++ ++ ++ ++ 苗 苗 茁 茁 茁 茁 萑 藿 藿 雚 歡 歡 歡

環

훈 고리 **음** 환(:)

두르다, 돌다, 둥근 구슬

王(구슬 옥)부, ⑬ 17획

간 环

형성자 구슬 옥(王·玉)과 돌 환(睘). 고리 모양의 옥을 뜻한다.

- 環境(환경) : 자연적 조건이나 사회적인 여러 일이나 상태.
- 環狀(환상) : 고리처럼 둥근 모양.
- 一環(환시) : 많은 고리 가운데의 하나. 사물의 한 부분.

境 지경 **경**   狀 형상 **상**, 문서 **장**   視 볼 **시**

一 二 千 王 王 玐 玐 玐 玗 玗 環 環 環 環 環 環

況

훈 상황 **음** 황:

하물며, 더구나, 이에

氵(삼수변)부, ⑤ 8획

간 況

형성자 물 수(氵·水)와 클 형(兄 : 모형, 상황). 물이 이전보다 점점 더 불어나서 많아지는 것으로 '하물며, 상황'을 뜻한다.

- 狀況(상황) : 일이 되어 가는 형편이나 모양.
- 盛況(성황) : 어떤 일에 많은 사람이 관여하여 활기에 찬 모양.
- 現況(현황) : 현재의 상황. 지금의 형편.

狀 형상 **상**, 문서 **장**   盛 성할 **성**   現 나타날 **현**

丶 丶 氵 氵 沪 沪 況 況

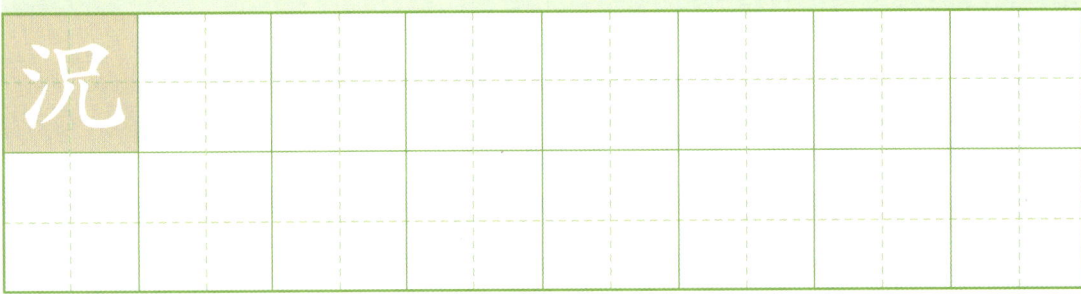

灰

훈 재 **음** 회

재가 되다, 석회

火(불 화)부, ② 6획

회의자
손 수(ナ·手)와 불 화(火).
손으로 집을 수 있는 식은 불, '재'를 뜻한다.

- 灰色(회색) : 잿빛.
- 灰心(회심) : (욕심도 없고 유혹도 받지 않는) 재처럼 사그라진 고요한 마음.
- 石灰(석회) : 생석회와 소석회를 통틀어 일컫는 말.

色 빛 **색**   心 마음 **심**   石 돌 **석**

一 ナ ナ 灰 灰 灰

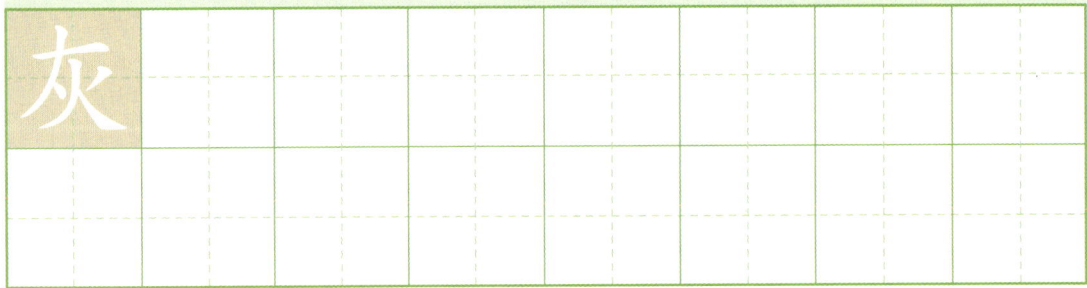

候

훈 기후 **음** 후:

계절, 기후, 절기, 조짐

亻(사람인변)부, ⑧ 10획

형성자

사람 인(亻·人)에 과녁·제후 후(矦·侯: 문안하다, 안부를 묻다). 활을 쏠 때 과녁을 살피듯이 '날씨, 철'을 잘 살펴야 하는 것을 뜻한다.

- 候補(후보) : 장차 어떤 신분과 직위에 등용될 수 있는 자격을 갖추었음.
- 候鳥(후조) : 계절에 따라서 옮겨 사는 새. 철새.
- 氣候(기후) : 날씨의 현상. 어느 지역의 기상 상태.

補 기울 보 鳥 새 조 氣 기운 기

丿 亻 亻 亻 亻 亻 亻 亻 候 候

厚

훈 두터울 **음** 후:

후하다, 도탑다

厂(민엄호)부, ⑦ 9획

회의자

언덕 엄(厂)과 높을 고(𣆪·高). 높고 두텁게 겹쳐 있는 벼랑으로, '두텁다, 후하다'를 뜻한다.

- 厚待(후대) : 후하게 대접함. 또는 그러한 대접.
- 厚德(후덕) : 언행이 어질고 두터움.
- 厚生(후생) : 생활이 넉넉해지도록 돕는 일.

待 기다릴 대 德 큰 덕 生 날 생

一 厂 厂 厂 厚 厚 厚 厚 厚

揮

훈 휘두를 **음** 휘

지시하다, 지휘하다

扌(재방변)**부**, ⑨ 12획

간 揮

형성자 손 수(扌·手)와 군사 군(軍). 손을 휘두르며 군사를 통솔하는 것으로, '휘두르다, 지휘하다'를 뜻한다.

- 揮發(휘발) : 보통의 온도에서 액체가 기체로 변하여 날아 흩어짐.
- 揮帳(휘장) : 둘러치는 장막.
- 指揮(지휘) : 명령하여 사람들을 움직임.

發 필 **발**   帳 장막 **장**   指 가리킬 **지**

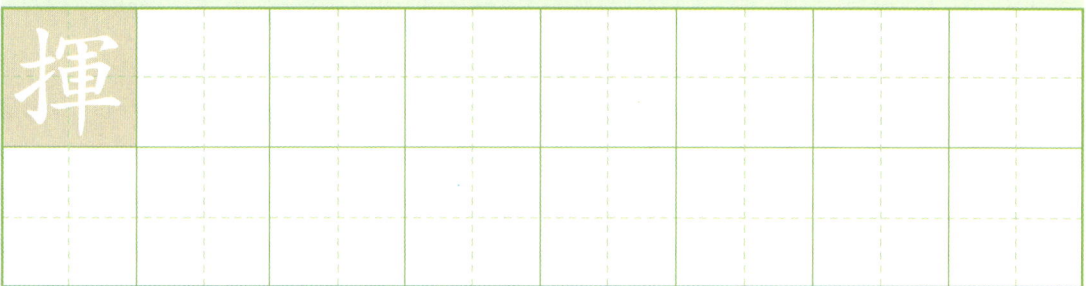

喜

훈 기쁠 **음** 희

즐겁다, 좋아하다

口(입 구)**부**, ⑨ 12획

반 怒 성낼 노   悲 슬플 비   **동** 歡 기쁠 환

회의자 북 고(壴·鼓)와 입 구(口). 북을 치며 입으로 노래를 부르는 것으로, '기쁘다, 즐겁다'를 뜻한다.

- 喜劇(희극) : 익살과 풍자로 관객을 웃기는 연극.
- 喜怒哀樂(희로애락) : 기쁨과 노여움과 슬픔과 즐거움. 곧 사람의 온갖 감정.
- 喜色(희색) : 기뻐하는 얼굴빛.

劇 심할 **극**   怒 성낼 **노**   哀 슬플 **애**   樂 즐길 **락**, 노래 **악**, 좋아할 **요**   色 빛 **색**

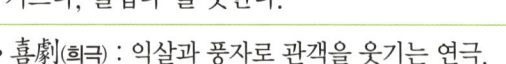

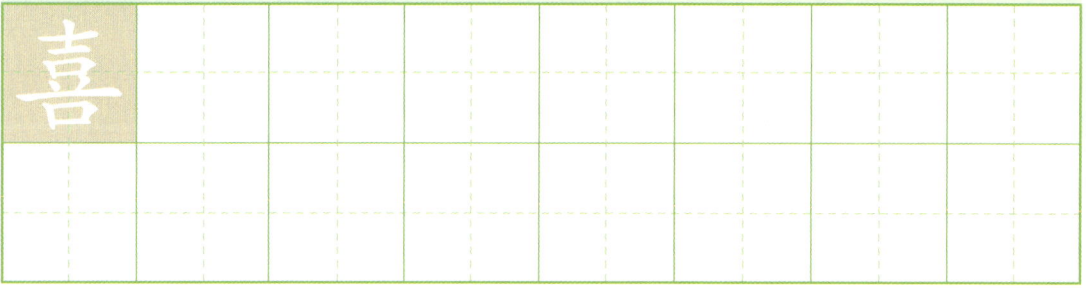

[제5회] 한자능력검정시험 4급 예상 문제

문 항 수 : 100문항
합격문항 : 70문항
제한시간 : 50분

1. 다음 밑줄 친 漢字語의 讀音을 쓰시오. (1~30)

1. 영호는 생일을 맞이하여 친구들을 집으로 招待하였다. [ ]
2. 이 일은 장마가 오기 전에 빨리 推進해야 합니다. [ ]
3. 회사 사정에 의해 인원을 減縮하고자 합니다. [ ]
4. 우리 삼촌은 就業 준비로 한창 바쁘다. [ ]
5. 그 사업 계획의 趣旨는 좋으나 실현 가능성이 부족하다. [ ]
6. 연구에 몰두하느라 寢食을 잊을 정도다. [ ]
7. 사람들은 모두 그 소년의 용기를 稱讚했다. [ ]
8. 독재 정부가 들어서면서 언론을 彈壓하기 시작했다. [ ]
9. 수재민들이 재산을 잃어 歎息하였다. [ ]
10. 청소년들의 脫線을 막는데 힘써야 한다. [ ]
11. 그는 진리를 探究하느라 일생을 바쳤다. [ ]
12. 여기 있는 세 가지 중에 하나를 擇一하거라. [ ]
13. 장시간에 걸쳐 討議를 끝마쳤다. [ ]
14. 나는 비로소 나의 잘못을 痛感하였다. [ ]
15. 부동산을 投機의 목적에 사용해서는 안 됩니다. [ ]
16. 월드컵을 향한 선수들의 鬪志가 대단하다. [ ]
17. 경제난으로 인해 많은 문제가 派生되었다. [ ]
18. 이 일에 있어서 네가 슬기롭게 判斷을 내려라. [ ]
19. 신인 문학상 공모전에 長篇 소설을 응모하였다. [ ]

20 나는 그의 탁월한 능력을 높이 評價한다. [   ]

21 여름이 지나자 대부분의 해수욕장이 閉場되었다. [   ]

22 따뜻한 同胞愛로 수재민을 도웁시다. [   ]

23 공사장에서 다이너마이트가 爆發하는 소리가 들려왔다. [   ]

24 그의 선행이 모든 이들의 標本이 될 것이다. [   ]

25 밤을 꼬박 새웠더니 몹시 疲勞하다. [   ]

26 홍수가 날지도 모르니 안전한 곳으로 避身하시오. [   ]

27 시험 성적이 나쁘다고 恨歎만 하고 있을 수 없었다. [   ]

28 명절날이라 그런지 시내가 閑散하였다. [   ]

29 감독은 심판의 판정에 抗議하였다. [   ]

30 그는 날카롭게 문제의 核心을 지적하였다. [   ]

2. 다음 漢字의 訓과 音을 쓰시오. (31~55)

31 核 [   ]   32 憲 [   ]   33 險 [   ]

34 革 [   ]   35 顯 [   ]   36 刑 [   ]

37 或 [   ]   38 混 [   ]   39 華 [   ]

40 環 [   ]   41 況 [   ]   42 厚 [   ]

43 候 [   ]   44 揮 [   ]   45 喜 [   ]

46 招 [   ]   47 縮 [   ]   48 就 [   ]

49 層 [   ]   50 針 [   ]   51 稱 [   ]

52 彈 [   ]   53 脫 [   ]   54 探 [   ]

55 擇 [   ]

3. 다음 漢字語 중 첫 音節이 길게 發音되는 單語 셋을 골라 그 번호를 쓰시오. (56~58)

| 例 | ① 革命 ② 痛歎 ③ 或是 ④ 婚談 ⑤ 評論 ⑥ 紅色 ⑦ 憲法 ⑧ 揮發 |

56 [   ]   57 [   ]   58 [   ]

4. 다음 漢字를 널리 쓰이는 略字로 고쳐 쓰시오. (59~61)

59 彈 [   ]   60 險 [   ]   61 擇 [   ]

5. 다음 漢字語의 뜻을 쓰시오. (62~63)

62 針葉樹 [   ]

63 核式器 [   ]

64 紅一點 [   ]

6. 다음 訓과 音으로 연결된 單語를 漢字로 쓰시오. (65~69)

| 例 | 나라 국 – 집 가 (國家) |

65 빛날 화 – 혼인할 혼   [   ]

66 고리 환 – 지경 경   [   ]

67 기운 기 – 기후 후   [   ]

68 피할 피 – 더위 서   [   ]

69 법 헌 – 법 법   [   ]

173

7. 다음 漢字와 뜻이 같거나 비슷한 漢字를 [ ] 속에 적어 單語를 完成하시오.(70~74)

　　70 歡 [　　　]　　71 [　　　] 擇　　72 [　　　] 伐

　　73 [　　　] 索　　74 戰 [　　　]

8. 다음 漢字와 뜻이 反對 또는 相對되는 漢字를 [ ] 속에 적으시오.(74~78)

　　75 開 ↔ [　　　]　　76 喜 ↔ [　　　]　　77 [　　　] ↔ 退

　　78 [　　　] ↔ 散　　79 增 ↔ [　　　]

9. 다음 漢字의 部首를 쓰시오.(79~81)

　　80 鬪 [　　　]　　81 憲 [　　　]　　82 顯 [　　　]

10. 다음 四字成語가 完成되도록 ( ) 속의 말을 漢字로 바꾸어 쓰시오.(83~87)

　　83 (천편)一律　　　[　　　　　]

　　84 (희로)哀樂　　　[　　　　　]

　　85 日就(월장)　　　[　　　　　]

　　86 (홍동)白西　　　[　　　　　]

　　87 (층층)待下　　　[　　　　　]

11. 다음 單語의 同音異議語를 제시된 뜻에 맞추어 漢字로 쓰시오.(88~92)

　　88 草靑 : 손님으로 오라고 청하여 부름.　　[　　　]

　　89 取美 : 좋아하여 재미로 즐겨 하는 일.　　[　　　]

　　90 波同 : 사회적으로 영향을 미치는 사태.　　[　　　]

91 木表 : 일을 이루거나 완성하기 위한 대상. [   ]

92 現充 : 충렬을 드러내어 기림. [   ]

12. 다음 밑줄 친 單語를 漢字로 바꾸어 쓰시오.(93~97)

93 풍속이나 제도를 새롭게 하는 것을 혁신이라 한다. [   ]

94 확실한 것은 아니지만 혹시 네가 한 짓이냐? [   ]

95 죄가 있으면 형벌을 받아야 한다. [   ]

96 어느덧 혼기를 놓치고 노처녀가 되었네. [   ]

97 우리는 기쁜 마음으로 신입생을 환영했다. [   ]

13 다음 문장의 밑줄 친 ( ) 부분에 들어갈 알맞은 單語를 쓰시오.(98~100)

'占' 자는 '占卜, 占星'에서는 '(   ) 점'으로 쓰이고,

'占居, 占領'에서는 '(   ) 점'으로 쓰인다.

'別' 자는 '別個'에서는 '(   ) 별'로 쓰이고,

'區別'에서는 '나눌 별'로 쓰이는 글자이다.

98 [   ]   99 [   ]   100 [   ]

4급 배정 한자 250자

한자능력검정시험 안내

한자능력검정시험 4급 실전 문제

한자능력검정시험 4급 예상 문제 및 실전 문제-답안지

한자능력검정시험 4급 예상 문제 및 실전 문제-정답

4급 배정 한자 250자 찾아보기

4급 배정 한자 250자

暇 틈/겨를 가	刻 새길 각	覺 깨달을 각	干 방패 간	看 볼 간	簡 대쪽/간략할 간
敢 감히/구태여 감	甘 달 감	甲 갑옷 갑	降 내릴 강, 항복할 항	居 살 거	巨 클 거
拒 막을 거	據 근거 거	傑 뛰어날 걸	儉 검소할 검	擊 칠 격	激 격할 격
堅 굳을 견	犬 개 견	更 고칠 경, 다시 갱	傾 기울 경	鏡 거울 경	驚 놀랄 경
季 계절 계	戒 경계할 계	系 이어맬 계	繼 이을 계	階 섬돌 계	鷄 닭 계
孤 외로울 고	庫 곳집 고	穀 곡식 곡	困 곤할 곤	骨 뼈 골	孔 구멍 공
攻 칠 공	管 대롱/주관할 관	鑛 쇳돌 광	構 얽을 구	君 임금 군	群 무리 군
屈 굽힐 굴	窮 다할/궁할 궁	券 문서 권	勸 권할 권	卷 책 권	歸 돌아갈 귀
均 고를 균	劇 심할 극	勤 부지런할 근	筋 힘줄 근	奇 기특할 기	寄 부칠 기
機 틀 기	紀 벼리 기	納 들일 납	段 층계 단	徒 무리 도	盜 도둑 도

4급 배정 한자 250자

逃 도망할 도	亂 어지러울 란	卵 알 란	覽 볼 람	略 간략할/약할 략	糧 양식 량
慮 생각할 려	烈 매울 렬	龍 용 룡	柳 버들 류	輪 바퀴 륜	離 떠날 리
妹 누이 매	勉 힘쓸 면	鳴 울 명	模 본뜰 모	墓 무덤 묘	妙 묘할 묘
舞 춤출 무	拍 칠 박	髮 터럭 발	妨 방해할 방	犯 범할 범	範 법 범
辯 말씀 변	普 넓을 보	伏 엎드릴 복	複 겹칠 복	否 아닐 부	負 질 부
憤 분할 분	粉 가루 분	批 비평할 비	碑 비석 비	秘 숨길 비	射 쏠 사
私 사사 사	絲 실 사	辭 말씀 사	散 흩을 산	傷 다칠 상	象 코끼리 상
宣 베풀 선	舌 혀 설	屬 붙일 속	損 덜 손	松 소나무 송	頌 기릴/칭송할 송
秀 빼어날 수	叔 아재비 숙	肅 엄숙할 숙	崇 높을 숭	氏 각시/성씨 씨	額 이마 액
樣 모양 양	嚴 엄할 엄	與 더불/줄 여	域 지경 역	易 바꿀 역, 쉬울 이	延 늘일 연

4급 배정 한자 250자

燃 탈 연	緣 인연 연	鉛 납 연	映 비칠 영	營 경영할 영	迎 맞을 영
豫 미리 예	優 넉넉할 우	遇 만날 우	郵 우편 우	怨 원망할 원	援 도울 원
源 근원 원	危 위태할 위	圍 에워쌀 위	委 맡길 위	威 위엄 위	慰 위로할 위
乳 젖 유	儒 선비 유	遊 놀 유	遺 남길 유	隱 숨을 은	依 의지할 의
儀 거동 의	疑 의심할 의	異 다를 이	仁 어질 인	姿 모양 자	資 재물 자
姉 손윗누이 자	殘 남을 잔	雜 섞일 잡	壯 장할 장	帳 장막 장	張 베풀 장
腸 창자 장	裝 꾸밀 장	奬 장려할 장	底 밑 저	積 쌓을 적	籍 문서 적
績 길쌈 적	賊 도둑 적	適 맞을 적	專 오로지 전	轉 구를 전	錢 돈 전
折 꺾을 절	占 점령할/점칠 점	點 점 점	丁 고무래/장정 정	整 가지런할 정	靜 고요할 정
帝 임금 제	條 가지 조	潮 조수/밀물 조	組 짤 조	存 있을 존	從 좇을 종

4급 배정 한자 250자

鍾 쇠북 종	座 자리 좌	周 두루 주	朱 붉을 주	酒 술 주	證 증거 증	持 가질 지
智 지혜/슬기 지	誌 기록할 지	織 짤 직	珍 보배 진	盡 다할 진	陣 진칠 진	差 다를 차
讚 기릴 찬	採 캘 채	冊 책 책	泉 샘 천	廳 관청 청	聽 들을 청	招 부를 초
推 밀 추	縮 줄일 축	就 나아갈 취	趣 뜻 취	層 층 층	寢 잘 침	針 바늘 침
稱 일컬을 칭	彈 탄알 탄	歎 탄식할 탄	脫 벗을 탈	探 찾을 탐	擇 가릴 택	討 칠 토
痛 아플 통	投 던질 투	鬪 싸움 투	派 갈래 파	判 판단할 판	篇 책 편	評 평할 평
閉 닫을 폐	胞 세포 포	爆 불터질 폭	標 표할 표	疲 피곤할 피	避 피할 피	恨 한 한
閑 한가할 한	抗 겨룰 항	核 씨 핵	憲 법 헌	險 험할 험	革 가죽 혁	顯 나타날 현
刑 형벌 형	或 혹 혹	婚 혼인할 혼	混 섞을 혼	紅 붉을 홍	華 빛날 화	歡 기쁠 환
環 고리 환	況 상황 황	灰 재 회	候 기후 후	厚 두터울 후	揮 휘두를 휘	喜 기쁠 희

한자능력검정시험 안내

주　관　　사단법인 한국어문회
시　행　　한국한자능력검정회
구　분　　• 교육급수 : 8급 · 7급 · 6급Ⅱ · 6급 · 5급 · 4급Ⅱ · 4급
　　　　　　• 공인급수 : 3급Ⅱ · 3급 · 2급 · 1급
급수별 합격기준　1급은 출제 문항수의 80% 이상, 2급~8급은 70% 이상 득점하면 합격입니다.

급수별 합격 기준	8급	7급	6급Ⅱ	6급	5급	4급Ⅱ	4급	3급Ⅱ	3급	2급	1급
출제 문항수	50	70	80	90	100	100	100	150	150	150	200
합격 문항수	35	49	56	63	70	70	70	105	105	105	160
시험 시간(분)				50					60		90

유형별 출제 문항수

• 상위급수 한자는 모두 하위급수 한자를 포함하고 있습니다.
• 쓰기 배정 한자는 한두 아래 급수의 읽기 배정 한자이거나 그 범위 내에 있습니다.
• 아래의 출제 유형 기준표는 기본 지침 자료로서 출제자의 의도에 따라 약간의 차이가 있을 수 있습니다.

유형별 출제 문항수	8급	7급	6급Ⅱ	6급	5급	4급Ⅱ	4급	3급Ⅱ	3급	2급	1급
읽기 배정 한자	50	150	225	300	500	750	1,000	1,500	1,817	2,355	3,500
쓰기 배정 한자	0	0	50	150	300	400	500	750	1,000	1,817	2,005
독 음	24	32	32	33	35	35	32	45	45	45	50
훈 음	24	30	29	22	23	22	22	27	27	27	32
장단음	0	0	0	0	0	0	3	5	5	5	10
반의어	0	2	2	3	3	3	3	10	10	10	10
완성형	0	2	2	3	4	5	5	10	10	10	15
부 수	0	0	0	0	0	3	3	5	5	5	10
동의어	0	0	0	2	3	3	3	5	5	5	10
동음이의어	0	0	0	0	3	3	3	5	5	5	10
뜻풀이	0	2	2	2	3	3	3	5	5	5	10
약 자	0	0	0	0	3	3	3	3	3	3	3
한자쓰기	0	0	10	20	20	20	20	30	30	30	40

※ 이 외에 한국한자급수자격평가원 검정시험, 대한민국한자급수자격검정회 검정시험, 한국외국어자격평가원 검정시험 등이 있습니다.

[제1회] 한자능력검정시험 4급 실전 문제

문 항 수 : 100문항
합격문항 : 70문항
제한시간 : 50분

1. 다음 밑줄 친 漢字語의 讀音을 쓰세요. (1~30)

1 그는 勇敢히 물 속에 뛰어들어 아이들을 구해 냈다. [   ]

2 성공을 위해서는 어떠한 시련도 甘受하겠다. [   ]

3 연합군의 무력 앞에 그들은 무조건 降伏하였다. [   ]

4 나는 서울역 앞에 임시로 居處를 정했다. [   ]

5 장보고는 청해진을 據點으로 삼아 활동했다. [   ]

6 선생님은 옷을 항상 儉素하게 입으셨다. [   ]

7 저 바위산 위에는 堅固한 성이 세워져 있었다. [   ]

8 뇌물을 받은 공무원은 마땅히 更迭되어야 한다. [   ]

9 밤하늘에 흐르는 유성을 驚異로운 눈으로 바라보았다. [   ]

10 그는 사업에 실패한 후 困境에 빠져 있다. [   ]

11 비로소 사업의 기본 骨格을 갖추었다. [   ]

12 잘 알지도 못하면서 孔子 앞에 문자 쓰지 말라. [   ]

13 더 이상 攻勢를 늦추지 말고 상대팀을 공격하자. [   ]

14 이번 일만큼은 네가 主管하여 처리토록 하여라. [   ]

15 광산에서 鑛物을 캐는 사람을 광부라고 한다. [   ]

16 그는 새로운 작품 構想에 골몰하였다. [   ]

17 인격이 훌륭하고 행실이 바른 사람을 君子라 일컬었다. [   ]

18 대회장에는 수천 명의 群衆이 모여들었다. [   ]

19 우리는 지난날 일본의 식민지가 되는 屈辱을 당하였다. [   ]

20 그는 오랜 窮理 끝에 기막힌 방법을 생각해 냈다. [   ]

21 나는 친구들의 勸告로 반장 선거에 나서기로 했다. [   ]

22 그는 오랜만에 외국에서 歸國했다. [   ]

23 나는 친구들과 함께 영화를 보러 劇場에 갔다. [   ]

24 회충은 사람 몸에 寄生하며 산다. [   ]

25 공장의 機械가 쉬지 않고 힘차게 돌아간다. [   ]

26 여행에서 보고 느낀 것을 토대로 紀行文을 썼다. [   ]

27 범인은 검문에 응하지 않고 逃走하였다. [   ]

28 북한 주민들은 糧食이 부족하여 고통을 받고 있다. [   ]

29 정의를 위해 싸우다 죽은 先烈들을 위해 묵념하였다. [   ]

30 우리나라 사람들은 매우 勤勉하다. [   ]

2. 다음 漢字의 訓과 音을 쓰시오.(31~55)

31 看 [   ]   32 簡 [   ]   33 巨 [   ]

34 傑 [   ]   35 儉 [   ]   36 擊 [   ]

37 堅 [   ]   38 傾 [   ]   39 鏡 [   ]

40 繼 [   ]   41 鷄 [   ]   42 庫 [   ]

43 穀 [   ]   44 紀 [   ]   45 奇 [   ]

46 徒 [   ]   47 納 [   ]   48 逃 [   ]

49 卵 [   ]   50 覽 [   ]   51 烈 [   ]

52 勉 [   ]   53 妙 [   ]   54 髮 [   ]

55 範 [   ]

3. 다음 漢字語 중 첫 音節이 길게 發音되는 單語 셋을 골라 그 번호를 쓰시오. (56~58)

例	① 看病 ② 攻略 ③ 妨害 ④ 困難 ⑤ 孤獨 ⑥ 普通

56 [   ]   57 [   ]   58 [   ]

4. 다음 漢字를 널리 쓰이는 略字로 고쳐 쓰시오. (59~61)

59 龍 [   ]   60 歸 [   ]   61 鑛 [   ]

5. 다음 漢字語의 뜻을 쓰시오. (62~64)

62 季刊 [   ]

63 歸鄕 [   ]

64 略圖 [   ]

6. 다음 訓과 音으로 연결된 單語를 漢字로 쓰시오. (65~69)

例	나라 국 – 집 가 (國家)

65 볼 시 – 깨달을 각   [   ]

66 막을 거 – 아닐 부   [   ]

67 경계할 계 – 법칙 률   [   ]

68 곡식 곡 – 곳집 창   [   ]

69 날 출 – 들일 납   [   ]

7. 다음 漢字와 뜻이 같거나 비슷한 漢字를 [ ] 속에 적어 單語를 완성하시오.(70~74)

70 [   ]散   71 考 [   ]   72 平 [   ]

73 [   ]庫   74 [   ]入

8. 다음 漢字와 뜻이 反對 또는 相對되는 漢字를 [ ] 속에 적으시오.(75~79)

75 [   ]↔肉   76 [   ]↔納   77 姉↔[   ]

78 [   ]↔戈   79 攻↔[   ]

9. 다음 漢字의 部首를 쓰시오.(79~81)

80 辯 [   ]   81 墓 [   ]   82 驚 [   ]

10. 다음 四字成語가 完成되도록 ( ) 속의 말을 漢字로 바꾸어 쓰시오.(83~87)

83 (각골)難忘   [   ]

84 (용두)蛇尾   [   ]

85 (군계)一鶴   [   ]

86 (견인)持久   [   ]

87 拍掌(대소)   [   ]

11. 다음 漢字의 同音異議語를 漢字로 쓰되, 제시된 뜻에 맞추시오.(88~92)

88 界俗 : 끊임없이 이어짐. 중단했던 일을 다시 시작해 나감. [   ]

89 九星 : 얽어서 만듦. 사물이 이루어지게 함.   [   ]

90 貴可 : 밖에서 일을 마치고 집으로 돌아감.   [   ]

91 根無 : 직장에서 자기가 맡은 일을 함.　　　[　　　　]

92 約力 : 간단하게 중요한 것만 적은 이력.　　　[　　　　]

12. 다음 밑줄 친 單語를 漢字로 바꾸어 쓰시오.(93~97)

93 민수의 성적은 반에서 보통 정도이다.　　　[　　　　]

94 그는 범행 일체를 자백하기 시작했다.　　　[　　　　]

95 아무리 생각해 보아도 뾰족한 묘수가 없다.　　[　　　　]

96 어머니, 저는 잘 있으니 염려하지 마십시오.　[　　　　]

97 우리는 매사 근검 절약하는 생활 습관을 가져야 한다.　[　　　　]

13 다음 漢字의 同字異音을 쓰시오.(98~100)

98 　降 : ① [　　　　]　　② [　　　　]

99 　復 : ① [　　　　]　　② [　　　　]

100　更 : ① [　　　　]　　② [　　　　]

[제2회] 한자능력검정시험 4급 실전 문제

문 항 수 : 100문항
합격문항 : 70문항
제한시간 : 50분

1. 다음 밑줄 친 漢字語의 讀音을 쓰시오. (1~30)

1 複道에서 뛰어다니지 마라. [   ]
2 그 안건은 과반수 이상의 찬성을 얻지 못하여 否決되었다. [   ]
3 우리 정정당당하게 勝負를 가리자. [   ]
4 언론은 지도층의 비리를 날카롭게 批判했다. [   ]
5 우리가 그 사건의 秘密을 밝혀내야 한다. [   ]
6 그는 私心없이 공정하게 일을 처리했다. [   ]
7 캠페인의 열기가 전국에서 散發的으로 일어났다. [   ]
8 그는 시험에 떨어져 傷心해 있다. [   ]
9 새로운 상품을 알리기 위해 대대적으로 宣傳했다. [   ]
10 나는 판매부에 所屬되어 일하게 되었다. [   ]
11 이번 장마로 인해 농작물의 損失이 크다. [   ]
12 여기서부터는 내가 담당하는 地域이다. [   ]
13 인터넷을 이용하면 자료 찾기가 아주 容易하다. [   ]
14 갑자기 내린 비로 경기가 延期되었다. [   ]
15 이 기업은 너무 營利만을 취하고자 한다. [   ]
16 추석 귀성 열차표를 미리 豫約해 두었다. [   ]
17 우리 모두 優秀한 성적으로 합격하기를 바란다. [   ]
18 남에게 待遇를 받으려면 먼저 대접해야 한다. [   ]
19 여행을 다녀오니 郵便物이 가득 쌓였다. [   ]

20 우리 정부는 북한에 식량을 援助해 주었다. [   ]

21 행복의 根源은 자기 스스로의 마음속에 있다. [   ]

22 危機가 곧 기회임을 알아야 한다. [   ]

23 이 사업의 준비 委員으로 당신이 선임되었습니다. [   ]

24 이번 태풍은 엄청난 威力을 지니고 있습니다. [   ]

25 병석에 누워 있는 현수를 慰勞하기 위해 병문안을 갔다. [   ]

26 그는 젊었을 때 세계 곳곳을 遊覽하였다. [   ]

27 우리는 찬란한 문화 遺産을 물려 받았다. [   ]

28 그 선수는 이번 경기를 마지막으로 隱退하였다. [   ]

29 우리나라의 석유는 수입에 依存하고 있다. [   ]

30 그들은 합법적으로 혼인 儀式을 치르고 부부가 되었다. [   ]

2. 다음 漢字의 訓과 音을 쓰시오. (31~55)

31 儀 [   ]　　32 異 [   ]　　33 姿 [   ]

34 雜 [   ]　　35 疑 [   ]　　36 資 [   ]

37 帳 [   ]　　38 裝 [   ]　　39 獎 [   ]

40 積 [   ]　　41 績 [   ]　　42 轉 [   ]

43 錢 [   ]　　44 占 [   ]　　45 粉 [   ]

46 批 [   ]　　47 射 [   ]　　48 散 [   ]

49 象 [   ]　　50 宣 [   ]　　51 屬 [   ]

52 松 [   ]　　53 秀 [   ]　　54 肅 [   ]

55 崇 [   ]

3. 다음 漢字語 중 첫 音節이 길게 發音되는 單語 셋을 골라 그 번호를 쓰시오.(56~58)

| 例 | ① 姉妹　　② 占領　　③ 雜音　　④ 與否
⑤ 仁德　　⑥ 姿態　　⑦ 資金　　⑧ 崇高 |

56 [　　　　　]　　57 [　　　　　]　　58 [　　　　　]

4. 다음 漢字를 널리 쓰이는 略字로 고쳐 쓰시오.(59~61)

59 屬 [　　　　　]　　60 隱 [　　　　　]　　61 豫 [　　　　　]

5. 다음 漢字語의 뜻을 쓰시오.(62~64)

62 口舌 [　　　　　　　　]

63 源泉 [　　　　　　　　]

64 專攻 [　　　　　　　　]

6. 다음 訓과 音으로 연결된 單語를 漢字로 쓰시오.(65~69)

| 例 | 나라 국 – 집 가 (國家) |

65 아닐 부 – 정할 정　　[　　　　　　]

66 흩을 산 – 어지러울 란　[　　　　　　]

67 아재비 숙 – 아비 부　　[　　　　　　]

68 넉넉할 우 – 무리 등　　[　　　　　　]

69 글 서 – 문서 적　　　　[　　　　　　]

7. 다음 漢字와 뜻이 같거나 비슷한 漢字를 [ ] 속에 적어 單語를 완성하시오. (70~74)

70 [　　　]評　　71 嚴[　　　]　　72 [　　　]恨

73 賢[　　　]　　74 [　　　]失

8. 다음 漢字와 뜻이 反對 또는 相對되는 漢字를 [ ] 속에 적으시오. (75~79)

75 單 ↔ [　　　]　　76 增 ↔ [　　　]　　77 [　　　] ↔ 得

78 公 ↔ [　　　]　　79 起 ↔ [　　　]

9. 다음 漢字의 部首를 쓰시오. (80~82)

80 宣 [　　　]　　81 與 [　　　]　　82 威 [　　　]

10. 다음 四字成語가 完成되도록 ( ) 속의 말을 漢字로 바꾸어 쓰시오. (83~87)

83 (분골)碎身　　[　　　　　]

84 (일사)不亂　　[　　　　　]

85 仁義(예지)　　[　　　　　]

86 (동상)異夢　　[　　　　　]

87 (적반)荷杖　　[　　　　　]

11. 다음 單語의 同音異議語를 漢字로 쓰되, 제시된 뜻에 맞추시오. (88~92)

88 不上 : 몸에 상처를 입음.　　　　　　　　[　　　　　]

89 分老 : 분하여 몹시 성냄.　　　　　　　　[　　　　　]

90 水材 : 머리가 좋고 재주가 뛰어난 사람.　[　　　　　]

91 口元 : 위험이나 어려움에 빠진 사람을 구해 줌. [   ]

92 有學 : 고향을 떠나 객지에서 공부함. [   ]

12. 다음 밑줄 친 單語를 漢字로 바꾸어 쓰시오.(93~97)

93 우리는 수재민 구호 장비를 갖추어 현장에 도착하였다. [   ]

94 금년 여름은 이상 기온으로 몹시 더웠다. [   ]

95 다시는 그런 일이 없도록 엄중히 꾸짖었다. [   ]

96 둘 이상의 수를 복수라고 한다. [   ]

97 여러분은 투표로 가부를 결정해 주십시오. [   ]

13 다음 漢字의 同字異音을 쓰시오.(98~100)

98 易 : ① [   ]   ② [   ]

99 宿 : ① [   ]   ② [   ]

100 狀 : ① [   ]   ② [   ]

[제3회] 한자능력검정시험 4급 실전 문제

문 항 수 : 100문항
합격문항 : 70문항
제한시간 : 50분

1. 다음 밑줄 친 漢字語의 讀音을 쓰시오. (1~30)

1 이번 시험 點數가 얼마나 나올지 걱정이다. [　　　]

2 흐트러진 책장을 깨끗하게 整理하였다. [　　　]

3 1910년 우리는 일본과 굴욕적인 을사보호 條約을 맺었었다. [　　　]

4 한때 경제 위기를 맞이하여 사회에 커다란 警鍾을 울려 주었다. [　　　]

5 도장을 찍기 위해 印朱를 찾았다. [　　　]

6 할머니께서는 持病인 신경통으로 고생하신다. [　　　]

7 학교에서는 사회 봉사단을 새롭게 組織하였다. [　　　]

8 나의 盡心을 알아주었으면 고맙겠습니다. [　　　]

9 후반전에 들어 공격적인 陣容을 새롭게 구성하였다. [　　　]

10 이 시는 아름다운 자연을 讚美하고 있다. [　　　]

11 새롭게 창문을 내자 採光이 잘되어 방안이 밝았다. [　　　]

12 모두들 冊床 앞에 바르게 앉아 책을 펴시오. [　　　]

13 우리 가족은 지난 주말 溫泉에 들러 목욕하였다. [　　　]

14 廳舍를 새롭게 짓느라 국민의 혈세를 낭비하고 있다. [　　　]

15 層階가 너무 가파라 숨이 찼다. [　　　]

16 국민 교육 憲章을 낭독해 봅시다. [　　　]

17 이렇게 찬바람이 부는 險惡한 날씨에 어딜 가려 하느냐? [　　　]

18 우리는 顯忠日을 맞이해 국립묘지에 갔다. [　　　]

19 휴가 인파가 몰려 유원지가 매우 混雜했다. [　　　]

20 진숙이는 紅一點으로 축구부원이 되었다. [   ]

21 모델들이 華麗한 의상으로 관중들에게 선보이고 있다. [   ]

22 마구 버린 쓰레기로 주변 環境이 엉망이다. [   ]

23 학교 운동회에 주민들이 참여하여 盛況을 이루었다. [   ]

24 이번 試驗 결과에 나는 만족하였다. [   ]

25 계절에 따라 옮겨 다니는 새를 候鳥라 일컫는다. [   ]

26 厚德한 식당 아주머니의 인심에 우리는 흐뭇했다. [   ]

27 이 통에 든 액체는 揮發성이 강하므로 조심해야 한다. [   ]

28 아버지는 나의 성적에 喜色이 만연했다. [   ]

29 우리는 指揮部 통제에 따라 일사불란하게 움직였다. [   ]

30 어느 독지가가 사회에 還元코자 자신의 재산을 내놓는다 한다. [   ]

2. 다음 漢字의 訓과 音을 쓰시오. (31~55)

31 靜 [   ]   32 帝 [   ]   33 潮 [   ]

34 組 [   ]   35 存 [   ]   36 鍾 [   ]

37 座 [   ]   38 朱 [   ]   39 酒 [   ]

40 智 [   ]   41 誌 [   ]   42 織 [   ]

43 珍 [   ]   44 陣 [   ]   45 讚 [   ]

46 冊 [   ]   47 趣 [   ]   48 寢 [   ]

49 歎 [   ]   50 討 [   ]   51 痛 [   ]

52 投 [   ]   53 鬪 [   ]   54 派 [   ]

55 篇 [   ]

3. 다음 漢字語 중 첫 音節이 길게 發音되는 單語 셋을 골라 그 번호를 쓰시오. (56~58)

| 例 | ① 投手 ② 閉會 ③ 派生 ④ 歡呼 ⑤ 抗命 ⑥ 標記 ⑦ 避暑 ⑧ 閑暇 |

56 [   ]   57 [   ]   58 [   ]

4. 다음 漢字를 널리 쓰이는 略字로 고쳐 쓰시오. (59~61)

59 條 [   ]   60 證 [   ]   61 讚 [   ]

5. 다음 漢字語의 뜻을 쓰시오. (62~64)

62 自鳴鐘 [   ]

63 持久力 [   ]

64 歡迎　 [   ]

6. 다음 訓과 音으로 연결된 單語를 漢字로 쓰시오. (65~69)

| 例 | 나라 국 - 집 가 (國家) |

65 쇠북 종 - 집 각　　　[   ]

66 증거 증 - 밝을 명　　[   ]

67 섞일 잡 - 기록할 지　[   ]

68 한가할 한 - 틈/겨를 가 [   ]

69 책 책 - 방 방　　　　[   ]

7. 다음 漢字와 뜻이 같거나 비슷한 漢字를 [ ] 속에 적어 單語를 완성하시오.(70~74)

70 [   ] 肅   71 聽 [   ]   72 [   ] 慧

73 層 [   ]   74 [   ] 圍

8. 다음 漢字와 뜻이 反對 또는 相對되는 漢字를 [ ] 속에 적으시오.(75~79)

75 [   ] ↔ 亡   76 [   ] ↔ 悲   77 [   ] ↔ 引

78 寢 ↔ [   ]   79 [   ] ↔ 和

9. 다음 漢字의 部首를 쓰시오.(80~82)

80 陣 [   ]   81 册 [   ]   82 聽 [   ]

10. 다음 四字成語가 完成되도록 ( ) 속의 말을 漢字로 바꾸어 쓰시오.(83~87)

83 喜怒(애락)   [   ]

84 盡善(진미)   [   ]

85 (진)羞盛饌   [   ]

86 (일취)月將   [   ]

87 千篇(일률)   [   ]

11. 다음 單語의 同音異議語를 漢字로 쓰되, 제시된 뜻에 맞추시오.(88~92)

88 車二 : 서로 같지 않고 다름.   [   ]

89 贊事 : 업적 등을 칭찬하는 말이나 글.   [   ]

90 靑中 : 설교나 연설 등을 들으려고 모인 사람들. [   ]

91 善宅 : 여럿 가운데서 필요한 것을 골라서 정함.　　[　　　　]

92 和昏 : 남의 혼인을 아름답게 일컫는 말.　　　　　[　　　　]

12. 다음 밑줄 친 單語를 漢字로 바꾸어 쓰시오.(93~97)

93 우리는 3시간 만에 산 정상에 올라 환호했다.　　[　　　　]

94 오늘은 기후가 선선하여 운동하기에 좋겠다.　　[　　　　]

95 그는 우리 마을에서 가장 힘이 센 장사이다.　　　[　　　　]

96 할머니께서 돌아가신 지 벌써 1주기를 맞이했다.　[　　　　]

97 우표 수집이 나의 취미 생활이다.　　　　　　　　[　　　　]

13 다음 문장의 밑줄 친 (　) 부분에 들어갈 알맞은 單語를 쓰시오.(98~100)

例	'畫' 자는 '그림 화' 와 '(　　　　　　)' 의 뜻으로 쓰인다.
	'則' 자는 '(　　　　　　)' 과 '곧 즉' 의 뜻으로 쓰인다.
	'切' 자는 '끊을 절' 과 '(　　　　　　)' 의 뜻으로 쓰인다.

98 [　　　　]　　99 [　　　　]　　100 [　　　　]

[제1회] 한자능력검정시험 4급 예상 문제 - 답안지

■ 사단법인 한국어문회 · 한국한자능력검정회 ※4급 과정을 마친 후 예상 문제 답을 이곳에 쓰세요. **4 0 1** ■

수험번호 □□□-□□-□□□□ 성명 □□□□□
주민등록번호 □□□□□□-□□□□□□□ ※유성 싸인펜, 붉은색 필기구 사용 불가.

※ 답안지는 컴퓨터로 처리되므로 구기거나 더럽히지 마시고, 정답 칸 안에만 쓰십시오. 글씨가 채점란으로 들어오면 오답처리가 됩니다.

제   회 전국한자능력검정시험 4급 답안지(1)   (시험시간 50분)

번호	정답	1검	2검	번호	정답	1검	2검	번호	정답	1검	2검
1				17				33			
2				18				34			
3				19				35			
4				20				36			
5				21				37			
6				22				38			
7				23				39			
8				24				40			
9				25				41			
10				26				42			
11				27				43			
12				28				44			
13				29				45			
14				30				46			
15				31				47			
16				32				48			

감독위원	채점위원(1)		채점위원(2)		채점위원(3)	
(서명)	(득점)	(서명)	(득점)	(서명)	(득점)	(서명)

제   회 전국한자능력검정시험 4급 답안지(2)

번호	정답	1검	2검	번호	정답	1검	2검	번호	정답	1검	2검
49				67				85			
50				68				86			
51				69				87			
52				70				88			
53				71				89			
54				72				90			
55				73				91			
56				74				92			
57				75				93			
58				76				94			
59				77				95			
60				78				96			
61				79				97			
62				80				98			
63				81				99			
64				82				100			
65				83							
66				84							

[제2회] 한자능력검정시험 4급 예상 문제 - 답안지

■ 사단법인 한국어문회 · 한국한자능력검정회 ※4급 과정을 마친 후 예상 문제 답을 이곳에 쓰세요. ■4 0 1■

수험번호 □□□-□□-□□□□   성명 □□□□□
주민등록번호 □□□□□□-□□□□□□□   ※유성 싸인펜, 붉은색 필기구 사용 불가.

※ 답안지는 컴퓨터로 처리되므로 구기거나 더럽히지 마시고, 정답 칸 안에만 쓰십시오. 글씨가 채점란으로 들어오면 오답처리가 됩니다.

제   회 전국한자능력검정시험 4급 답안지(1)   (시험시간 50분)

번호	정답	1검	2검	번호	정답	1검	2검	번호	정답	1검	2검
1				17				33			
2				18				34			
3				19				35			
4				20				36			
5				21				37			
6				22				38			
7				23				39			
8				24				40			
9				25				41			
10				26				42			
11				27				43			
12				28				44			
13				29				45			
14				30				46			
15				31				47			
16				32				48			

감독위원	채점위원(1)		채점위원(2)		채점위원(3)	
(서명)	(득점)	(서명)	(득점)	(서명)	(득점)	(서명)

제   회 전국한자능력검정시험 4급 답안지(2)

번호	정답	1검	2검	번호	정답	1검	2검	번호	정답	1검	2검
49				67				85			
50				68				86			
51				69				87			
52				70				88			
53				71				89			
54				72				90			
55				73				91			
56				74				92			
57				75				93			
58				76				94			
59				77				95			
60				78				96			
61				79				97			
62				80				98			
63				81				99			
64				82				100			
65				83							
66				84							

[제3회] 한자능력검정시험 4급 예상 문제 - 답안지

■ 사단법인 한국어문회 · 한국한자능력검정회　　※4급 과정을 마친 후 예상 문제 답을 이곳에 쓰세요.　　4 0 1 ■

수험번호 □□□-□□-□□□□　　　　　　　　　　성명 □□□□□
주민등록번호 □□□□□□-□□□□□□□　※유성 싸인펜, 붉은색 필기구 사용 불가.

※ 답안지는 컴퓨터로 처리되므로 구기거나 더럽히지 마시고, 정답 칸 안에만 쓰십시오. 글씨가 채점란으로 들어오면 오답처리가 됩니다.

제　회 전국한자능력검정시험 4급 답안지(1)　(시험시간 50분)

번호	답안란 정답	채점란 1검	2검	번호	답안란 정답	채점란 1검	2검	번호	답안란 정답	채점란 1검	2검
1				17				33			
2				18				34			
3				19				35			
4				20				36			
5				21				37			
6				22				38			
7				23				39			
8				24				40			
9				25				41			
10				26				42			
11				27				43			
12				28				44			
13				29				45			
14				30				46			
15				31				47			
16				32				48			

감독위원	채점위원(1)		채점위원(2)		채점위원(3)	
(서명)	(득점)	(서명)	(득점)	(서명)	(득점)	(서명)

■ 사단법인 한국어문회 · 한국한자능력검정회 　　　　　　　　　　　　　　　　　　　　　　　　　　　　4 0 2 ■

※ 답안지는 컴퓨터로 처리되므로 구기거나 더럽히지 마시고, 정답 칸 안에만 쓰십시오.
글씨가 채점란으로 들어오면 오답처리가 됩니다.

제　회 전국한자능력검정시험 4급 답안지(2)

번호	답안란 정답	채점란 1검	채점란 2검	번호	답안란 정답	채점란 1검	채점란 2검	번호	답안란 정답	채점란 1검	채점란 2검
49				67				85			
50				68				86			
51				69				87			
52				70				88			
53				71				89			
54				72				90			
55				73				91			
56				74				92			
57				75				93			
58				76				94			
59				77				95			
60				78				96			
61				79				97			
62				80				98			
63				81				99			
64				82				100			
65				83							
66				84							

[제4회] 한자능력검정시험 4급 예상 문제 – 답안지

■ 사단법인 한국어문회 · 한국한자능력검정회　　※4급 과정을 마친 후 예상 문제 답을 이곳에 쓰세요.　　4 0 1 ■

수험번호 □□□-□□-□□□□　　　　　　　　　　성명 □□□□□
주민등록번호 □□□□□□-□□□□□□□　　※유성 싸인펜, 붉은색 필기구 사용 불가.

※ 답안지는 컴퓨터로 처리되므로 구기거나 더럽히지 마시고, 정답 칸 안에만 쓰십시오. 글씨가 채점란으로 들어오면 오답처리가 됩니다.

제　회 전국한자능력검정시험 4급 답안지(1)　　(시험시간 50분)

번호	답안란 정답	채점란 1검	채점란 2검	번호	답안란 정답	채점란 1검	채점란 2검	번호	답안란 정답	채점란 1검	채점란 2검
1				17				33			
2				18				34			
3				19				35			
4				20				36			
5				21				37			
6				22				38			
7				23				39			
8				24				40			
9				25				41			
10				26				42			
11				27				43			
12				28				44			
13				29				45			
14				30				46			
15				31				47			
16				32				48			

감독위원	채점위원(1)		채점위원(2)		채점위원(3)	
(서명)	(득점)	(서명)	(득점)	(서명)	(득점)	(서명)

■ 사단법인 한국어문회 · 한국한자능력검정회 402

※ 답안지는 컴퓨터로 처리되므로 구기거나 더럽히지 마시고, 정답 칸 안에만 쓰십시오.
글씨가 채점란으로 들어오면 오답처리가 됩니다.

제   회 전국한자능력검정시험 4급 답안지(2)

번호	정답	1검	2검	번호	정답	1검	2검	번호	정답	1검	2검
49				67				85			
50				68				86			
51				69				87			
52				70				88			
53				71				89			
54				72				90			
55				73				91			
56				74				92			
57				75				93			
58				76				94			
59				77				95			
60				78				96			
61				79				97			
62				80				98			
63				81				99			
64				82				100			
65				83							
66				84							

[제5회] 한자능력검정시험 4급 예상 문제 - 답안지

■ 사단법인 한국어문회·한국한자능력검정회　※4급 과정을 마친 후 예상 문제 답을 이곳에 쓰세요.　４０１■

수험번호 □□□-□□-□□□□　　　　　　　성명 □□□□□
주민등록번호 □□□□□□-□□□□□□□　※유성 싸인펜, 붉은색 필기구 사용 불가.

※ 답안지는 컴퓨터로 처리되므로 구기거나 더럽히지 마시고, 정답 칸 안에만 쓰십시오. 글씨가 채점란으로 들어오면 오답처리가 됩니다.

제　회 전국한자능력검정시험 4급 답안지(1)　(시험시간 50분)

번호	답안란 정답	채점란 1검	2검	번호	답안란 정답	채점란 1검	2검	번호	답안란 정답	채점란 1검	2검
1				17				33			
2				18				34			
3				19				35			
4				20				36			
5				21				37			
6				22				38			
7				23				39			
8				24				40			
9				25				41			
10				26				42			
11				27				43			
12				28				44			
13				29				45			
14				30				46			
15				31				47			
16				32				48			

감독위원	채점위원(1)		채점위원(2)		채점위원(3)	
(서명)	(득점)	(서명)	(득점)	(서명)	(득점)	(서명)

제   회 전국한자능력검정시험 4급 답안지(2)

번호	정답	1검	2검	번호	정답	1검	2검	번호	정답	1검	2검
49				67				85			
50				68				86			
51				69				87			
52				70				88			
53				71				89			
54				72				90			
55				73				91			
56				74				92			
57				75				93			
58				76				94			
59				77				95			
60				78				96			
61				79				97			
62				80				98			
63				81				99			
64				82				100			
65				83							
66				84							

※ 답안지는 컴퓨터로 처리되므로 구기거나 더럽히지 마시고, 정답 칸 안에만 쓰십시오.
글씨가 채점란으로 들어오면 오답처리가 됩니다.

[제1회] 한자능력검정시험 4급 실전 문제 - 답안지

■ 사단법인 한국어문회 · 한국한자능력검정회　　※4급 과정을 마친 후 실전 문제 답을 이곳에 쓰세요.　　**401**■

수험번호 □□□-□□-□□□□　　　　　성명 □□□□□
주민등록번호 □□□□□□-□□□□□□□ ※유성 싸인펜, 붉은색 필기구 사용 불가.

※ 답안지는 컴퓨터로 처리되므로 구기거나 더럽히지 마시고, 정답 칸 안에만 쓰십시오. 글씨가 채점란으로 들어오면 오답처리가 됩니다.

제　회 전국한자능력검정시험 4급 답안지(1)　(시험시간 50분)

번호	답안란 정답	채점란 1검	채점란 2검	번호	답안란 정답	채점란 1검	채점란 2검	번호	답안란 정답	채점란 1검	채점란 2검
1				17				33			
2				18				34			
3				19				35			
4				20				36			
5				21				37			
6				22				38			
7				23				39			
8				24				40			
9				25				41			
10				26				42			
11				27				43			
12				28				44			
13				29				45			
14				30				46			
15				31				47			
16				32				48			

감독위원	채점위원(1)		채점위원(2)		채점위원(3)	
(서명)	(득점)	(서명)	(득점)	(서명)	(득점)	(서명)

■ 사단법인 한국어문회 · 한국한자능력검정회 　　　　　　　　　　　　　　　　　　　　　　　　4 0 2 ■

※ 답안지는 컴퓨터로 처리되므로 구기거나 더럽히지 마시고, 정답 칸 안에만 쓰십시오.
글씨가 채점란으로 들어오면 오답처리가 됩니다.

제　회 전국한자능력검정시험 4급 답안지(2)

번호	정답	1검	2검	번호	정답	1검	2검	번호	정답	1검	2검
49				67				85			
50				68				86			
51				69				87			
52				70				88			
53				71				89			
54				72				90			
55				73				91			
56				74				92			
57				75				93			
58				76				94			
59				77				95			
60				78				96			
61				79				97			
62				80				98			
63				81				99			
64				82				100			
65				83							
66				84							

[제2회] 한자능력검정시험 4급 실전 문제 - 답안지

■ 사단법인 한국어문회·한국한자능력검정회　　※4급 과정을 마친 후 실전 문제 답을 이곳에 쓰세요.　　401■

수험번호 □□□-□□-□□□□　　　　성명 □□□□□
주민등록번호 □□□□□□-□□□□□□□　　※유성 싸인펜, 붉은색 필기구 사용 불가.

※ 답안지는 컴퓨터로 처리되므로 구기거나 더럽히지 마시고, 정답 칸 안에만 쓰십시오. 글씨가 채점란으로 들어오면 오답처리가 됩니다.

제　회 전국한자능력검정시험 4급 답안지(1)　　(시험시간 50분)

번호	정답	1검	2검	번호	정답	1검	2검	번호	정답	1검	2검
1				17				33			
2				18				34			
3				19				35			
4				20				36			
5				21				37			
6				22				38			
7				23				39			
8				24				40			
9				25				41			
10				26				42			
11				27				43			
12				28				44			
13				29				45			
14				30				46			
15				31				47			
16				32				48			

감독위원	채점위원(1)		채점위원(2)		채점위원(3)	
(서명)	(득점)	(서명)	(득점)	(서명)	(득점)	(서명)

■ 사단법인 한국어문회 · 한국한자능력검정회 　　　　　　　　　　　　　　　　　　　　　　　　4 0 2 ■

※ 답안지는 컴퓨터로 처리되므로 구기거나 더럽히지 마시고, 정답 칸 안에만 쓰십시오.
글씨가 채점란으로 들어오면 오답처리가 됩니다.

제　회 전국한자능력검정시험 4급 답안지(2)

번호	답안란 정답	채점란 1검	2검	번호	답안란 정답	채점란 1검	2검	번호	답안란 정답	채점란 1검	2검
49				67				85			
50				68				86			
51				69				87			
52				70				88			
53				71				89			
54				72				90			
55				73				91			
56				74				92			
57				75				93			
58				76				94			
59				77				95			
60				78				96			
61				79				97			
62				80				98			
63				81				99			
64				82				100			
65				83							
66				84							

[제3회] 한자능력검정시험 4급 실전 문제 – 답안지

■ 사단법인 한국어문회·한국한자능력검정회 ※4급 과정을 마친 후 실전 문제 답을 이곳에 쓰세요. 401

수험번호 □□□-□□-□□□□ 성명 □□□□□
주민등록번호 □□□□□□-□□□□□□□ ※유성 싸인펜, 붉은색 필기구 사용 불가.

※ 답안지는 컴퓨터로 처리되므로 구기거나 더럽히지 마시고, 정답 칸 안에만 쓰십시오. 글씨가 채점란으로 들어오면 오답처리가 됩니다.

제 회 전국한자능력검정시험 4급 답안지(1) (시험시간 50분)

번호	정답	1검	2검	번호	정답	1검	2검	번호	정답	1검	2검
1				17				33			
2				18				34			
3				19				35			
4				20				36			
5				21				37			
6				22				38			
7				23				39			
8				24				40			
9				25				41			
10				26				42			
11				27				43			
12				28				44			
13				29				45			
14				30				46			
15				31				47			
16				32				48			

감독위원	채점위원(1)	채점위원(2)	채점위원(3)
(서명)	(득점) (서명)	(득점) (서명)	(득점) (서명)

■ 사단법인 한국어문회 · 한국한자능력검정회 　　　　　　　　　　　　　　　　　　　　　　　　　　4 0 2 ■

※ 답안지는 컴퓨터로 처리되므로 구기거나 더럽히지 마시고, 정답 칸 안에만 쓰십시오.
글씨가 채점란으로 들어오면 오답처리가 됩니다.

제　　회 전국한자능력검정시험 4급 답안지(2)

번호	정답	1검	2검	번호	정답	1검	2검	번호	정답	1검	2검
49				67				85			
50				68				86			
51				69				87			
52				70				88			
53				71				89			
54				72				90			
55				73				91			
56				74				92			
57				75				93			
58				76				94			
59				77				95			
60				78				96			
61				79				97			
62				80				98			
63				81				99			
64				82				100			
65				83							
66				84							

[제1회] 한자능력검정시험 4급 예상 문제 정답

1 휴가 2 각고 3 각서 4 간병 5 간략 6 용감 7 감수 8 갑부 9 강등 10 거주 11 거창 12 거절 13 걸출 14 근검 15 격침 16 격렬 17 견과 18 충견 19 경장 20 경주 21 동경 22 경기 23 계절 24 계율 25 계열 26 계승 27 계층 28 계란 29 고고 30 곡창 31 곤할 곤 32 뼈 골 33 구멍 공 34 칠 공 35 대롱/주관할 관 36 심할 극 37 고를 균 38 돌아갈 귀 39 책 권 40 권할 권 41 문서 권 42 다할/궁할 궁 43 굽힐 굴 44 무리 군 45 임금 군 46 얽을 구 47 쇳돌 광 48 틈/겨를 가 49 새길 각 50 깨달을 각 51 방패 간 52 감히/구태여 감 53 갑옷 갑 54 살 거 55 근거 거 56 ② 57 ④ 58 ⑥ 59 旧 60 独 61 挙 62 간편 : 간단하고 편리함. 63 거물 : 큰 인물. 중요한 위치에 있는 사람. 64 걸작 : 썩 훌륭하게 잘된 작품. 65 儉素 66 擊退 67 傾向 68 階級 69 群衆 70 曲 71 住 72 固 73 大 74 續 75 斷 76 臣 77 戈 78 苦 79 攻 80 竹(대 죽)부 81 工(장인 공)부 82 曰(가로 왈)부 83 之色 84 動地 85 無援 86 之策 87 甘來 88 聽覺 89 勇敢 90 激烈 91 眼鏡 92 倉庫 93 孤獨 94 困境 95 骨格 96 攻略 97 歸鄕 98 항복할 99 고칠 100 생

[제2회] 한자능력검정시험 4급 예상 문제 정답

1 근면 2 근력 3 기여 4 기밀 5 납기 6 단락 7 도보 8 도청 9 도피 10 난리 11 산란 12 전람회 13 약력 14 염려 15 열사 16 용궁 17 연륜 18 이농 19 매제 20 면학 21 비명 22 모형 23 성묘 24 묘책 25 박차 26 방지 27 범법 28 범위 29 변호 30 보통 31 엎드릴 복 32 겹칠 복 33 질 부 34 분할 분 35 비석 비 36 숨길 비 37 실 사 38 말씀 사 39 부지런할 근 40 기특할 기 41 틀 기 42 층계 단 43 도둑 도 44 어지러울 란 45 간략할/약할 략 46 양식 량 47 생각할 려 48 용 룡 49 버들 류 50 바퀴 륜 51 떠날 리 52 울 명 53 본뜰 모 54 무덤 묘 55 춤출 무 56 ② 57 ⑦ 58 ⑧ 59 辞 60 乱 61 覧 62 사전 : 단어를 일정한 순서로 싣고 설명한 책. 63 비법 : 남들에게 알려지지 않은 특별한 방법. 64 묘비 : 무덤 앞에 세우는 비석. 65 批評 66 發射 67 私心 68 勤務 69 盜難 70 徒 71 覽 72 髮 73 辭 74 妹 75 散 76 私 77 可 78 納 79 勝 80 幸(매울 신)부 81 大(큰 대)부 82 皿(그릇 명)부 83 無爲 84 奇想 85 一失 86 定離 87 私利 88 散亂 89 粉食 90 勝負 91 複數 92 降伏 93 勤勞 94 寄宿 95 手段 96 逃亡 97 軍糧米 98 ①복 ②다시 99 ①내릴 ②항 100 ①상 ②문서

[제3회] 한자능력검정시험 4급 예상 문제 정답

1 상처 **2** 상형 **3** 선서 **4** 속성 **5** 손해 **6** 수려 **7** 외숙 **8** 숙연 **9** 숭고 **10** 씨족 **11** 액자 **12** 양식 **13** 엄격 **14** 여건 **15** 영역 **16** 무역 **17** 연착 **18** 연등 **19** 연고 **20** 연필 **21** 영창 **22** 영양 **23** 영합 **24** 예감 **25** 우대 **26** 불우 **27** 우송 **28** 원성 **29** 위험 **30** 범위 **31** 맡길 위 **32** 젖 유 **33** 숨을 은 **34** 의지할 의 **35** 다를 이 **36** 모양 자 **37** 다칠 상 **38** 혀 설 **39** 덜 손 **40** 기릴/칭송할 송 **41** 아재비 숙 **42** 이마 액 **43** 엄할 엄 **44** 지경 역 **45** 늘일 연 **46** 탈 연 **47** 납 연 **48** 경영할 영 **49** 미리 예 **50** 넉넉할 우 **51** 도울 원 **52** 에워쌀 위 **53** 위로할 위 **54** 선비 유 **55** 의심할 의 **56** ② **57** ⑤ **58** ⑦ **59** 肅 **60** 与 **61** 囲 **62** 유림 : 유교의 도를 닦는 학자들. **63** 유산 : 죽은 사람이 남겨 놓은 재산. **64** 이상 : 정상이 아닌 상태나 현상. 보통과는 다름. **65** 仁愛 **66** 委任 **67** 額數 **68** 宣傳 **69** 威勢 **70** 頌 **71** 崇 **72** 援 **73** 資 **74** 樣 **75** 異 **76** 危 **77** 迎 **78** 與 **79** 消 **80** 尸(주검시엄)부 **81** 聿(붓 율)부 **82** 頁(머리 혈)부 **83** 叔季 **84** 嚴冬 **85** 緣木 **86** 迎新 **87** 自重 **88** 資金 **89** 儀式 **90** 乳母 **91** 慰勞 **92** 豫約 **93** 傷心 **94** 松竹梅 **95** 與否 **96** 區域 **97** 廷長戰 **98** 이 **99** 알 **100** 고칠

[제4회] 한자능력검정시험 4급 예상 문제 정답

1 자매 **2** 잔업 **3** 잡담 **4** 장관 **5** 장막 **6** 장본인 **7** 장비 **8** 장학금 **9** 적극 **10** 국적 **11** 성적 **12** 적도 **13** 적당 **14** 전공 **15** 전이 **16** 전주 **17** 절반 **18** 점검 **19** 정렬 **20** 정숙 **21** 제국 **22** 조목조목 **23** 조류 **24** 조직 **25** 존재 **26** 종래 **27** 좌석 **28** 주도 **29** 주량 **30** 증거 **31** 증거 증 **32** 가질 지 **33** 짤 직 **34** 다할 진 **35** 다를 차 **36** 캘 채 **37** 샘 천 **38** 관청 청 **39** 들을 청 **40** 손윗누이 자 **41** 남을 잔 **42** 장할 장 **43** 창자 장 **44** 밑 저 **45** 문서 적 **46** 오로지 전 **47** 꺾을 절 **48** 점 점 **49** 가지런할 정 **50** 가지 조 **51** 좇을 종 **52** 자리 좌 **53** 두루 주 **54** 보배 진 **55** 도둑 적 **56** ② **57** ⑤ **58** ⑦ **59** 残 **60** 点 **61** 庁 **62** 일기장 : 날마다 일어나는 일이나 감상을 적는 책. **63** 정물 : 정지하여 움직이지 않는 물건. **64** 持續 **65** 珍貴 **66** 冊房 **67** 溫泉 **68** 積金 **69** 賊 **70** 帝 **71** 組 **72** 朱 **73** 差 **74** 底 **75** 靜 **76** 亡 **77** 利 **78** 賞 **79** 口(입 구)부 **80** 日(날 일)부 **81** 卜(점 복)부 **82** 張三 **83** 百折 **84** 肉林 **85** 盡善 **86** 待天命 **87** 珍味 **88** 差度 **89** 聽聞 **90** 書籍 **91** 回轉 **92** 點數 **93** 整理 **94** 存續 **95** 持久力 **96** 雜誌 **97** 지면 **98** 人間 **99** 존엄성 **100** 강조

[제5회] 한자능력검정시험 4급 예상 문제 정답

1 초대 **2** 추진 **3** 감축 **4** 취업 **5** 취지 **6** 침식 **7** 칭찬 **8** 탄압 **9** 탄식 **10** 탈선 **11** 탐구 **12** 택일 **13** 토의 **14** 통감 **15** 투기 **16** 투지 **17** 파생 **18** 판단 **19** 장편 **20** 평가 **21** 폐장 **22** 동포애 **23** 폭발 **24** 표본 **25** 피로 **26** 피신 **27** 한탄 **28** 한산 **29** 항의 **30** 핵심 **31** 씨 핵 **32** 법 헌 **33** 험할 험 **34** 가죽 혁 **35** 나타날 현 **36** 형벌 형 **37** 혹 혹 **38** 섞을 혼 **39** 빛날 화 **40** 고리 환 **41** 상황 황 **42** 두터울 후 **43** 기후 후 **44** 휘두를 휘 **45** 기쁠 희 **46** 부를 초 **47** 줄일 축 **48** 나아갈 취 **49** 층 층 **50** 바늘 침 **51** 일컬을 칭 **52** 탄알 탄 **53** 벗을 탈 **54** 찾을 탐 **55** 가릴 택 **56** ② **57** ⑤ **58** ⑦ **59** 弹 **60** 险 **61** 択 **62** 침엽수 : 소나무, 잣나무, 전나무처럼 잎이 바늘처럼 생긴 나무. **63** 핵무기 : 핵에너지를 이용한 각종 무기. **64** 홍일점 : 많은 남자들 속에 '하나뿐인 여자'를 일컫는 말. **65** 華婚 **66** 環境 **67** 氣候 **68** 避暑 **69** 憲法 **70** 喜 **71** 選 **72** 討 **73** 探 **74** 鬪 **75** 閉 **76** 悲 **77** 進 **78** 集 **79** 減 **80** 鬥(싸울 투)부 **81** 心(마음 심)부 **82** 頁(머리 혈)부 **83** 千篇 **84** 喜怒 **85** 月將 **86** 紅東 **87** 層層 **88** 招請 **89** 趣味 **90** 派動 **91** 目標 **92** 顯忠 **93** 革新 **94** 或是 **95** 刑罰 **96** 婚期 **97** 歡迎 **98** 점칠 **99** 점령할 **100** 다를

[제1회] 한자능력검정시험 4급 실전 문제 정답

1 용감 **2** 감수 **3** 항복 **4** 거처 **5** 거점 **6** 검소 **7** 견고 **8** 경질 **9** 경이 **10** 곤경 **11** 골격 **12** 공자 **13** 공세 **14** 주관 **15** 광물 **16** 구상 **17** 군자 **18** 군중 **19** 굴욕 **20** 궁리 **21** 권고 **22** 귀국 **23** 극장 **24** 기생 **25** 기계 **26** 기행문 **27** 도주 **28** 양식 **29** 선열 **30** 근면 **31** 볼 간 **32** 대쪽/간략할 간 **33** 클 거 **34** 뛰어날 걸 **35** 검소할 검 **36** 칠 격 **37** 굳을 견 **38** 기울 경 **39** 거울 경 **40** 이을 계 **41** 닭 계 **42** 곳집 고 **43** 곡식 곡 **44** 벼리 기 **45** 기특할 기 **46** 무리 도 **47** 들일 납 **48** 도망할 도 **49** 알 란 **50** 볼 람 **51** 매울 렬 **52** 힘쓸 면 **53** 묘할 묘 **54** 터럭 발 **55** 법 범 **56** ② **57** ④ **58** ⑥ **59** 竜 **60** 帰 **61** 鉱 **62** 계간 : 일 년에 네 번 발간함. 또는 그 간행물. **63** 귀향 : 객지에서 고향으로 돌아감. **64** 약도 : 요점이나 요소만을 간략하게 나타낸 그림. **65** 視覺 **66** 拒否 **67** 戒律 **68** 穀倉 **69** 出納 **70** 離 **71** 慮 **72** 均 **73** 倉 **74** 納 **75** 骨 **76** 出 **77** 妹 **78** 干 **79** 守 **80** 辛(매울 신)부 **81** 土(흙 토)부 **82** 馬(말 마)부 **83** 刻骨 **84** 龍頭 **85** 群鷄 **86** 堅忍 **87** 大笑 **88** 繼續 **89** 構成 **90** 歸家 **91** 勤務 **92** 略歷 **93** 普通 **94** 犯行 **95** 妙手 **96** 念慮 **97** 勤儉 **98** ①내릴 강 ②항복할 항 **99** ①회복할 부 ②다시 부 **100** ①다시 갱 ②고칠 경

[제2회] 한자능력검정시험 4급 실전 문제 정답

1 복도 **2** 부결 **3** 승부 **4** 비판 **5** 비밀 **6** 사심 **7** 산발적 **8** 상심 **9** 선전 **10** 소속 **11** 손실 **12** 지역 **13** 용이 **14** 연기 **15** 영리 **16** 예약 **17** 우수 **18** 대우 **19** 우편물 **20** 원조 **21** 근원 **22** 위기 **23** 위원 **24** 위력 **25** 위로 **26** 유람 **27** 유산 **28** 은퇴 **29** 의존 **30** 의식 **31** 거동 의 **32** 다를 이 **33** 모양 자 **34** 섞일 잡 **35** 의심할 의 **36** 재물 자 **37** 장막 장 **38** 꾸밀 장 **39** 장려할 장 **40** 쌓을 적 **41** 길쌈 적 **42** 구를 전 **43** 돈 전 **44** 점령할/점칠 점 **45** 가루 분 **46** 비평할 비 **47** 쏠 사 **48** 흩을 산 **49** 코끼리 상 **50** 베풀 선 **51** 붙일 속 **52** 소나무 송 **53** 빼어날 수 **54** 엄숙할 숙 **55** 높을 숭 **56** ② **57** ④ **58** ⑥ **59** 屬 **60** 隱 **61** 予 **62** 구설 : 남의 입에 오르내리는 말. **63** 원천 : 물이 흘러나오는 근원. 사물의 근원. **64** 전공 : 한 가지 일을 전문적으로 연구함. **65** 否定 **66** 散亂 **67** 叔父 **68** 優等 **69** 書籍 **70** 批 **71** 肅 **72** 怨 **73** 仁 **74** 損 **75** 複 **76** 減 **77** 損 **78** 私 **79** 伏 **80** 宀(갓머리)부 **81** 臼(절구 구)부 **82** 女(계집 녀)부 **83** 粉骨 **84** 一絲 **85** 禮智 **86** 同床 **87** 賊反 **88** 負傷 **89** 憤怒 **90** 秀才 **91** 救援 **92** 遊學 **93** 裝備 **94** 異常 **95** 嚴重 **96** 複數 **97** 可否 **98** ①바꿀 역 ②쉬울 이 **99** ①잘 숙 ②별자리 수 **100** ①형상 상 ②문서 장

[제3회] 한자능력검정시험 4급 실전 문제 정답

1 점수 **2** 정리 **3** 조약 **4** 경종 **5** 인주 **6** 지병 **7** 조직 **8** 진심 **9** 진용 **10** 찬미 **11** 채광 **12** 책상 **13** 온천 **14** 청사 **15** 층계 **16** 헌장 **17** 험악 **18** 현충일 **19** 혼잡 **20** 홍일점 **21** 화려 **22** 환경 **23** 성황 **24** 시험 **25** 후조 **26** 후덕 **27** 휘발 **28** 희색 **29** 지휘부 **30** 환원 **31** 고요할 정 **32** 임금 제 **33** 조수/밀물 조 **34** 짤 조 **35** 있을 존 **36** 쇠북 종 **37** 자리 좌 **38** 붉을 주 **39** 술 주 **40** 지혜/슬기 지 **41** 기록할 지 **42** 짤 직 **43** 보배 진 **44** 진칠 진 **45** 기릴 찬 **46** 책 책 **47** 뜻 취 **48** 잘 침 **49** 탄식할 탄 **50** 칠 토 **51** 아플 통 **52** 던질 투 **53** 싸움 투 **54** 갈래 파 **55** 책 편 **56** ② **57** ⑤ **58** ⑦ **59** 条 **60** 証 **61** 讃 **62** 자명종 : 정해진 시간을 알려주는 장치가 있는 시계. **63** 지구력 : 오래 버티어 내는 힘. **64** 환영 : 기쁜 마음으로 맞이함. **65** 鍾閣 **66** 證明 **67** 雜誌 **68** 閑暇 **69** 冊房 **70** 靜 **71** 聞 **72** 智 **73** 階 **74** 周 **75** 存 **76** 歡 **77** 推 **78** 起 **79** 鬪 **80** 阝(좌부방)부 **81** 冂(멀경몸)부 **82** 耳(귀 이)부 **83** 哀樂 **84** 盡美 **85** 珍 **86** 日就 **87** 一律 **88** 差異 **89** 讚辭 **90** 聽衆 **91** 選擇 **92** 華婚 **93** 歡呼 **94** 氣候 **95** 壯士 **96** 周忌 **97** 趣味 **98** 그을 획 **99** 법칙 칙 **100** 온통 체

4급 배정 한자 250자 찾아보기

ㄱ
暇 틈/겨를 가 18
刻 새길 각 18
覺 깨달을 각 19
干 방패 간 19
看 볼 간 20
簡 대쪽/간략할 간 20
敢 감히/구태여 감 21
甘 달 감 21
甲 갑옷 갑 22
降 내릴 강, 항복할 항 22
居 살 거 23
巨 클 거 23
拒 막을 거 24
據 근거 거 24
傑 뛰어날 걸 25
儉 검소할 검 25
擊 칠 격 26
激 격할 격 26
堅 굳을 견 27
犬 개 견 27
更 고칠 경, 다시 갱 28
傾 기울 경 28
鏡 거울 경 29
驚 놀랄 경 29
季 계절 계 30
戒 경계할 계 30
系 이어맬 계 31
繼 이을 계 31

階 섬돌 계 32
鷄 닭 계 32
孤 외로울 고 33
庫 곳집 고 33
穀 곡식 곡 34
困 곤할 곤 34
骨 뼈 골 35
孔 구멍 공 35
攻 칠 공 36
管 대롱/주관할 관 36
鑛 쇳돌 광 37
構 얽을 구 37
君 임금 군 38
群 무리 군 38
屈 굽힐 굴 39
窮 다할/궁할 궁 39
券 문서 권 40
勸 권할 권 40
卷 책 권 41
歸 돌아갈 귀 41
均 고를 균 42
劇 심할 극 42
勤 부지런할 근 50
筋 힘줄 근 50
奇 기특할 기 51
寄 부칠 기 51
機 틀 기 52
紀 벼리 기 52

ㄴ
納 들일 납 53
ㄷ
段 층계 단 53
徒 무리 도 54
盜 도둑 도 54
逃 도망할 도 55
ㄹ
亂 어지러울 란 55
卵 알 란 56
覽 볼 람 56
略 간략할/약할 략 57
糧 양식 량 57
慮 생각할 려 58
烈 매울 렬 58
龍 용 룡 59
柳 버들 류 59
輪 바퀴 륜 60
離 떠날 리 60
ㅁ
妹 누이 매 61
勉 힘쓸 면 61
鳴 울 명 62
模 본뜰 모 62
墓 무덤 묘 63
妙 묘할 묘 63
舞 춤출 무 64
ㅂ
拍 칠 박 64
髮 터럭 발 65
妨 방해할 방 65
犯 범할 범 66
範 법 범 66

辯 말씀 변 ……… 67	氏 각시/성씨 씨 ……… 88	遊 놀 유 ……… 102
普 넓을 보 ……… 67	**ㅇ** 額 이마 액 ……… 88	遺 남길 유 ……… 102
伏 엎드릴 복 ……… 68	樣 모양 양 ……… 89	隱 숨을 은 ……… 103
複 겹칠 복 ……… 68	嚴 엄할 엄 ……… 89	依 의지할 의 ……… 103
否 아닐 부 ……… 69	與 더불/줄 여 ……… 90	儀 거동 의 ……… 104
負 질 부 ……… 69	域 지경 역 ……… 90	疑 의심할 의 ……… 104
憤 분할 분 ……… 70	易 바꿀 역, 쉬울 이 ……… 91	異 다를 이 ……… 105
粉 가루 분 ……… 70	延 늘일 연 ……… 91	仁 어질 인 ……… 105
批 비평할 비 ……… 71	燃 탈 연 ……… 92	**ㅈ** 姿 모양 자 ……… 106
碑 비석 비 ……… 71	緣 인연 연 ……… 92	資 재물 자 ……… 106
祕 숨길 비 ……… 72	鉛 납 연 ……… 93	姉 손윗누이 자 ……… 114
ㅅ 射 쏠 사 ……… 72	映 비칠 영 ……… 93	殘 남을 잔 ……… 114
私 사사 사 ……… 73	營 경영할 영 ……… 94	雜 섞일 잡 ……… 115
絲 실 사 ……… 73	迎 맞을 영 ……… 94	壯 장할 장 ……… 115
辭 말씀 사 ……… 74	豫 미리 예 ……… 95	帳 장막 장 ……… 116
散 흩을 산 ……… 74	優 넉넉할 우 ……… 95	張 베풀 장 ……… 116
傷 다칠 상 ……… 82	遇 만날 우 ……… 96	腸 창자 장 ……… 117
象 코끼리 상 ……… 82	郵 우편 우 ……… 96	裝 꾸밀 장 ……… 117
宣 베풀 선 ……… 83	怨 원망할 원 ……… 97	奬 장려할 장 ……… 118
舌 혀 설 ……… 83	援 도울 원 ……… 97	底 밑 저 ……… 118
屬 붙일 속 ……… 84	源 근원 원 ……… 98	積 쌓을 적 ……… 119
損 덜 손 ……… 84	危 위태할 위 ……… 98	籍 문서 적 ……… 119
松 소나무 송 ……… 85	圍 에워쌀 위 ……… 99	績 길쌈 적 ……… 120
頌 기릴/칭송할 송 ……… 85	委 맡길 위 ……… 99	賊 도둑 적 ……… 120
秀 빼어날 수 ……… 86	威 위엄 위 ……… 100	適 맞을 적 ……… 121
叔 아재비 숙 ……… 86	慰 위로할 위 ……… 100	專 오로지 전 ……… 121
肅 엄숙할 숙 ……… 87	乳 젖 유 ……… 101	轉 구를 전 ……… 122
崇 높을 숭 ……… 87	儒 선비 유 ……… 101	錢 돈 전 ……… 122

折 꺾을 절 ……… **123**	册 책 책 ……… **137**	爆 불터질 폭 ……… **158**
占 점령할/점칠 점 ……… **123**	泉 샘 천 ……… **137**	標 표할 표 ……… **158**
點 점 점 ……… **124**	廳 관청 청 ……… **138**	疲 피곤할 피 ……… **159**
丁 고무래/장정 정 ……… **124**	聽 들을 청 ……… **138**	避 피할 피 ……… **159**
整 가지런할 정 ……… **125**	招 부를 초 ……… **146**	ㅎ 恨 한 한 ……… **160**
靜 고요할 정 ……… **125**	推 밀 추 ……… **146**	閑 한가할 한 ……… **160**
帝 임금 제 ……… **126**	縮 줄일 축 ……… **147**	抗 겨룰 항 ……… **161**
條 가지 조 ……… **126**	就 나아갈 취 ……… **147**	核 씨 핵 ……… **161**
潮 조수/밀물 조 ……… **127**	趣 뜻 취 ……… **148**	憲 법 헌 ……… **162**
組 짤 조 ……… **127**	層 층 층 ……… **148**	險 험할 험 ……… **162**
存 있을 존 ……… **128**	寢 잘 침 ……… **149**	革 가죽 혁 ……… **163**
從 좇을 종 ……… **128**	針 바늘 침 ……… **149**	顯 나타날 현 ……… **163**
鍾 쇠북 종 ……… **129**	稱 일컬을 칭 ……… **150**	刑 형벌 형 ……… **164**
座 자리 좌 ……… **129**	ㅌ 彈 탄알 탄 ……… **150**	或 혹 혹 ……… **164**
周 두루 주 ……… **130**	歎 탄식할 탄 ……… **151**	婚 혼인할 혼 ……… **165**
朱 붉을 주 ……… **130**	脫 벗을 탈 ……… **151**	混 섞을 혼 ……… **165**
酒 술 주 ……… **131**	探 찾을 탐 ……… **152**	紅 붉을 홍 ……… **166**
證 증거 증 ……… **131**	擇 가릴 택 ……… **152**	華 빛날 화 ……… **166**
持 가질 지 ……… **132**	討 칠 토 ……… **153**	歡 기쁠 환 ……… **167**
智 지혜/슬기 지 ……… **132**	痛 아플 통 ……… **153**	環 고리 환 ……… **167**
誌 기록할 지 ……… **133**	投 던질 투 ……… **154**	況 상황 황 ……… **168**
織 짤 직 ……… **133**	鬪 싸움 투 ……… **154**	灰 재 회 ……… **168**
珍 보배 진 ……… **134**	ㅍ 派 갈래 파 ……… **155**	候 기후 후 ……… **169**
盡 다할 진 ……… **134**	判 판단할 판 ……… **155**	厚 두터울 후 ……… **169**
陣 진칠 진 ……… **135**	篇 책 편 ……… **156**	揮 휘두를 휘 ……… **170**
ㅊ 差 다를 차 ……… **135**	評 평할 평 ……… **156**	喜 기쁠 희 ……… **170**
讚 기릴 찬 ……… **136**	閉 닫을 폐 ……… **157**	
採 캘 채 ……… **136**	胞 세포 포 ……… **157**	